Anja Cantzler

Stellvertretende Leitung in der Kita

Aufgaben – Rolle – Persönlichkeit

VANDENHOECK & RUPRECHT

Bibliografische Information der Deutschen Nationalbibliothek:
Die Deutsche Nationalbibliothek verzeichnet diese Publikation in der Deutschen Nationalbibliografie; detaillierte bibliografische Daten sind im Internet über https://dnb.de abrufbar.

Satz: SchwabScantechnik, Göttingen
Druck und Bindung: BALTO print, Vilnius
Printed in the EU

Vandenhoeck & Ruprecht Verlage | www.vandenhoeck-ruprecht-verlage.com
E-Mail: info@v-r.de

ISBN 978-3-525-70011-2

Inhalt

1 Einleitende Gedanken

Abbildung 1: Stellvertretende Leitung im Team

Bei der Auseinandersetzung mit dem Thema Führung von Kindertageseinrichtungen dreht sich alles in erster Linie um die Beziehung und Zusammenarbeit von der direkt vorgesetzten Leitungsperson, den Mitarbeitenden im Team, dem Träger und anderen betriebsrelevanten Dienstleiter:innen. Dabei wird die Position der stellvertretenden Leitung oftmals vernachlässigt oder sogar ganz übersehen. Aus Organisationssicht und aus Sicht des Teams ist die Position der Stellvertretung durchaus wichtig, sinnvoll und notwendig.

In der Praxis gilt die Position der stellvertretenden Leitung als »Sandwich-Position« in der Kita. Einerseits ist sie Teil des Teams und begegnet Kolleg:innen auf Augenhöhe, andererseits übernimmt sie Führungsaufgaben, trägt Leitungsverantwortung und erfährt viele Informationen vor den anderen Teammitgliedern. Oft sitzt sie dadurch zwischen den Stühlen und es ist manchmal gar nicht so leicht, sich in der eigenen Rolle zu positionieren. Viele Aufgaben und Herausforderungen ergeben sich erst mit der Rollenübernahme in der praktischen Arbeit und werden jeden Tag aufs Neue in vielfältiger Art und Weise sichtbar.

So vielfältig und verschieden die Einrichtungen in der Kitalandschaft sind, so vielfältig und unterschiedlich wird die Position der Stellvertretung verstanden und gelebt. Je nach Trägerschaft und gesetzlicher Vorgaben gibt es die Abwesenheitsvertretung, die nicht freigestellte stellvertretende Leitung, die zum Teil freigestellte Leitung und die ständig freigestellte Leitung. Fällt die Leitung einer Einrichtung längerfristig aus, übernimmt die stellvertretende Leitung vorrübergehend die kommissarische Leitung. Die Stellenbeschreibungen dieser verschiedensten Möglichkeiten unterscheiden sich durch die unterschiedliche Gewichtung zugeschriebener Aufgaben und Führungsverantwortung. Die Zusammenarbeit mit der Leitung gestaltet sich entsprechend unterschiedlich. Je nachdem ist auch ein differenziertes Gehalt mit der jeweiligen Position verbunden. Meistens beinhaltet diese Position jedoch viel Verantwortung, die nicht entsprechend vergütet wird.

Nicht selten fühlt sich die stellvertretende Leitung zwischen Team und Leitung hin- und hergerissen und hat das Gefühl, »zwischen den Stühlen« zu sitzen. Nicht selten kommt es dann zu Rollenkonflikten mit den Kolleg:innen.

Ein Auslöser für solche Konflikte kann beispielsweise die Beförderung einer Fachkraft zur stellvertretenden Leitung sein, wenn sie zuvor als Fachkraft im selben Team beschäftigt war oder als Berufsanfänger:in die Rolle in einem erfahrenen Team übernimmt. Des Weiteren gestaltet sich nicht jede Zusammenarbeit einer stellvertretenden Leitung mit der Leitung reibungs- und konfliktfrei. Besonders anspruchsvoll wird es dann, wenn die Leitung bei der Wahl der Stellvertretung nicht beteiligt war, die Leitung neu ins Team kommt, es sich bei der Leitungsstelle bereits um ein Leitungsteam handelt oder die Stelle der stellvertretenden Leitung zu zweit ausgeübt wird.

Unabhängig von diesen Startbedingungen möchten viele Stellvertretungen ihre besondere Rolle möglichst professionell ausüben und haben den Wunsch, den damit verbundenen Aufgaben und Anforderungen umfassend gerecht zu werden. Dafür benötigen sie ein fundiertes Wissen und alltagstaugliche Methoden rund um die verschiedensten Facetten ihres Verantwortungsbereiches.

Genau dieses Wissen möchte ich Ihnen mit diesem Buch an die Hand geben. Inhaltlich beschäftigt es sich zunächst mit den verschiedenen Ausübungsformen und der Aufgabenvielfalt einer stellvertretenden Leitung in der Kita. Daran schließen verschiedene Themen an, die die Auseinandersetzung mit der eigenen Person und Persönlichkeit ermöglichen. Darüber hinaus vermittelt dieses Buch Grundwissen über Teamprozesse und -führung, die Kommunikation mit der Leitung und im Team, Leitung und Durchführung von Teambesprechungen, Büroorganisation, den Umgang mit Konflikten und schwierigen Situationen und die Selbstfürsorge.

Das Buch verbindet theoretisches Hintergrundwissen mit der spezifischen Praxis des Arbeitsfelds einer stellvertretenden Leitung in einer Kindertageseinrichtung. Es ist angereichert durch den themenspezifischen Austausch und die Erfahrungen mit Seminarteilnehmer:innen aus meinen verschiedenen Fortbildungen und Beratungen. Es bietet anwendbare Modelle und Anregungen, mit denen die konkrete Teamarbeit gestaltet werden kann. Ergänzende Downloadmaterialien stehen für Sie kostenfrei zur Verfügung. Die Zugangsdaten finden Sie auf der letzten Seite dieses Buches.

Und nun lade ich Sie herzlich ein, sich offen und neugierig auf die Inhalte einzulassen. Sie werden Neues erfahren, Bekanntes auffrischen und hoffentlich vieles ausprobieren. Lernen Sie sich selbst, Ihre Rolle und Ihre Aufgaben besser kennen. Stellen Sie sich den Anforderungen und nutzen Sie dieses Buch als kleine Schatzkiste auf Ihrem Weg.

Anja Cantzler

2 Aufgabe und Rolle der stellvertretenden Leitung

Abbildung 2: Die ungeklärte Position der Stellvertretung

Die Position der stellvertretenden Leitung ist bislang in vielen Kindertageseinrichtungen wenig geklärt. Vergleichen wir verschiedene Einrichtungen miteinander, wird deutlich, dass es nur selten verbindliche Standards für die Stelleninhaber:innen gibt. Ihre Position ist irgendwo zwischen Leitung und Team angesiedelt, die Anforderungen sind individuell unterschiedlich und oftmals fehlen adäquate Unterstützungsangebote. In der Praxis führt das zu einer Fülle unterschiedlichster Aufgaben und Ausgestaltungsformen und damit nicht selten zur Verunsicherung der Stelleninhaber:innen. Im Folgenden soll daher etwas Licht ins Dunkle gebracht werden. Dieses Kapitel widmet sich den verschiedenen An- und Herausforderungen, die mit der Position verbunden sind. Es beleuchtet die verschiedenen Ausübungsmöglichkeiten und beschreibt zentrale Aufgaben und Kompetenzen, die mit der Rolle verbunden sind.

2.1 Von der Fachkraft zur stellvertretenden Leitung

Die Arbeit in einer Kindertageseinrichtung erfordert generell viel Fachkompetenz, Engagement und pädagogisches Geschick. Im Laufe ihrer Berufstätigkeit streben manche Fachkräfte aus der reinen pädagogischen Arbeit mit den Kindern und Familien nach beruflicher Weiterentwicklung und wollen mehr Verantwortung übernehmen. Eine mögliche Aufstiegsposition bietet hier beispielsweise die stellvertretende Leitung. Nicht selten dient dieser Zwischenschritt auch als Sprungbrett für eine angestrebte Leitungsposition. Die Fachkräfte erhoffen sich hier eine erste Orientierung, was als Kita-Leitung auf sie zukommt, ohne sofort die gesamte Verantwortung für eine Kindertageseinrichtung übernehmen zu müssen.

Für Einzelne ist diese Position auch für lange Zeit voll und ganz befriedigend. Ihnen liegt es fern, eine eigenverantwortliche Leitungstätigkeit zu übernehmen. Sie tragen gern im geschützten Rahmen Verantwortung, immer im Wissen, dass da jemand anderes noch hinter ihnen steht.

In meiner Beratungstätigkeit begegnen mir die unterschiedlichsten Menschen mit den unterschiedlichsten Beweggründen und Ausgangsvoraussetzungen, die sie schließlich in diese Position geführt haben. Einige haben sich bewusst zu diesem Schritt entschieden, andere werden aufgefordert und einzelne sogar dazu bestimmt. Auch das Einstiegsalter ist sehr unterschiedlich – da gibt es jüngere und ältere Personen mit mehr oder weniger Berufserfahrung im Gepäck. Die eine Fachkraft übernimmt die Rolle aus dem Team heraus, eine andere kommt von außen hinzu. Manchmal sind es auch Quereinsteiger:innen aus anderen sozialen und pädagogischen Arbeitsfeldern, die sich zu diesem Schritt entschließen.

Durch die veränderte Position geraten viele Fachkräfte nun in eine Rollendiffusion. Ganz besonders trifft das erfahrungsgemäß Fachkräfte, die vorher schon als Teammitglied im Team gearbeitet haben. Sie unterschätzen oftmals die veränderte Rolle. Als Fachkraft waren sie bislang Teil des Teams – sie waren Gleiche unter Gleichen. Als stellvertretende Leitung sind sie dann weiterhin Teammitglied und agieren auf Augenhöhe, zum anderen sind sie Teil der Leitungsebene mit erweitertem Wissen und Befugnissen, was sie nicht immer mit den anderen Teammitgliedern teilen können und dürfen. Daraus entsteht eine Sandwichposition, die in den folgenden Kapiteln noch näher erläutert wird. Hinzu kommt, dass es von Einrichtung zu Einrichtung ganz verschiedene Ausübungsformen gibt, wie stellvertretende Leitungen in der Praxis zum Einsatz kommen.

Unabhängig von den einzelnen Ausgangsbedingungen ist ihnen in der Regel gemeinsam, dass sie sich zunächst in der neuen Position orientieren müssen. Sie sind nicht selten mit Aufgaben und Anforderungen konfrontiert, mit denen sie nicht gerechnet haben und auf die sie sich oftmals fachlich nicht ausreichend vorbereitet fühlen.

> Der Wechsel von der Rolle der Fachkraft in die der stellvertretenden Leitung wird nicht selten unterschätzt. Daher gilt es, dies auf allen Ebenen – Träger, Leitung und Team – bewusst zu gestalten und zu begleiten.

2.2 Verschiedene Ausübungsformen

In jeder Kindertageseinrichtung sollte geklärt sein, wer in Abwesenheit der Leitung die Vertretung übernimmt. Besondere Bedeutung bekommt dies, wenn die Leitung über einen längeren Zeitraum ausfällt. In kleineren Einrichtungen hat die Stellvertretung meist nur die Funktion der Abwesenheitsvertretung. In größeren Einrichtungen übernehmen dies oft stellvertretende Leitungskräfte mit zusätzlichen Aufgaben. Nicht immer existieren entsprechende Stellenbeschreibungen, die den Stelleninhaber:innen eine Orientierungshilfe sind.

Es folgt eine Aufstellung der verschiedenen Spielarten, wie stellvertretende Leitungen in der Praxis eingesetzt werden.

Abwesenheitsvertretung

In der Regel wird vorab festgelegt, wer die Abwesenheitsvertretung übernimmt, wenn die Leitung aufgrund von Krankheit, Urlaub oder anderen Gründen abwesend ist. Im besten Fall handelt es sich hierbei um eine erfahrene und qualifizierte Fachkraft mit fundierten Kenntnissen in der frühkindlichen Bildung, einer gewissen Loyalität zur Leitung und der Bereitschaft, situativ angemessen Verantwortung zu übernehmen. Die Abwesenheitsvertretung sollte mit den pädagogischen Konzepten, den internen Richtlinien und Verfahren der Kita vertraut sein, um gegebenenfalls notwendige Entscheidungen treffen zu können.

In manchen Einrichtungen übernehmen verschiedene Teammitglieder die Abwesenheitsvertretung im Wechsel, um die zusätzliche Belastung gleichmäßig zu verteilen. Der Vorteil in gut funktionierenden Teams kann hierbei sein, dass sich über kurz oder lang viele verantwortlich und zuständig fühlen. Nachteilig gestaltet sich der ständige Wechsel, wenn es wenig Klarheit in der Durchführung und Zuständigkeit gibt. Bei einer längeren Abwesenheit der Leitung kommt es dann nicht selten zu einer Führungslosigkeit, die die Zusammenarbeit im Team erschweren kann.

Die Abwesenheitsvertretung übernimmt normalerweise in Absprache mit der Leitung verschiedene Aufgaben. Dazu gehören in der Regel die Personalführung und -koordination, die Gewährleistung der Einhaltung von Qualitätsstandards, die Kommunikation mit Eltern und externen Partnern sowie die allgemeine Verwaltung der Kita. Die Abwesenheitsvertretung hat auch die Verantwortung, sicherzustellen, dass die vereinbarten pädagogischen Ziele und der pädagogische Ansatz der Kita während der Abwesenheit der Leitung weiterhin umgesetzt werden.

Die Abwesenheitsvertretung kann auch als Ansprechpartner:in für das Team und die Eltern dienen, um Fragen zu beantworten, Anliegen zu klären und Unterstützung zu bieten. Sie nimmt in dieser Rolle für den Zeitraum der Abwesenheit der Leitung eine Führungsposition ein und trägt dazu bei, dass der Betrieb der Kita reibungslos läuft. Dabei gilt es immer auch, abzuwägen, welche Entscheidungen noch bis zur Rückkehr der Leitung vertagt werden können und was auf keinen Fall warten kann.

Es ist wichtig, zu beachten, dass die genauen Aufgaben und Verantwortlichkeiten der Abwesenheitsvertretung von Kita zu Kita unterschiedlich sein können, abhängig von den spezifischen Strukturen und der Größe der Einrichtung. Die genauen Zuständigkeiten sollten in Absprache mit der Leitung und entsprechend den internen Regelungen der Kita festgelegt werden.

Die Abwesenheitsvertretung erhält keine zusätzliche Vergütung für ihre Vertretungstätigkeit. Diese Tatsache führt mittlerweile dazu, dass diese Position nicht allzu beliebt ist und sich verstärkt, wie bereits vorher beschrieben, abgewechselt wird bzw. Aufgaben geteilt werden.

Stellvertretende Leitung ohne Freistellung

Eine stellvertretende Leitung in einer Kita ohne Freistellungsstunden bezieht sich auf eine Fachkraft, die die Funktion der stellvertretenden Leitung neben ihrer regulären Arbeit in der Kita übernimmt, ohne dafür zusätzliche Freistellungsstunden zu erhalten.

In Kitas, in denen eine stellvertretende Leitung ohne Freistellungsstunden eingesetzt wird, kann die Aufgabe der stellvertretenden Leitung in der Regel auf eine:n erfahrene:n Erzieher:in übertragen werden, die bzw. der über die notwendige Qualifikation und Kompetenz verfügt, um die Verantwortung als stellvertretende Leitung zu tragen. Diese Fachkraft übernimmt neben ihrer regulären Arbeit mit den Kindern zusätzliche administrative und organisatorische Aufgaben.

Die Aufgaben und Verantwortlichkeiten einer stellvertretenden Leitung ohne Freistellungsstunden können je nach den spezifischen Anforderungen und der Größe der Kita variieren. Im Allgemeinen unterstützt die stellvertretende Leitung die Leitung bei der Organisation und Koordination des Kita-Betriebs, der Entwicklung und Umsetzung von pädagogischen Konzepten, der Kommunikation mit Eltern und externen Partnern sowie der Dienstplangestaltung.

Es ist wichtig, anzumerken, dass die stellvertretende Leitung ohne Freistellungsstunden nicht die gleiche Verfügbarkeit und Flexibilität wie eine stellvertretende Leitung mit Freistellungsstunden hat, da sie während ihrer regulären Arbeitszeit mit den Kindern beschäftigt ist. Dennoch ist es ihre Aufgabe, die Leitung bei Abwesenheit zu unterstützen und sicherzustellen, dass der Kita-Betrieb reibungslos weiterläuft.

Die genauen Aufgaben und Verantwortlichkeiten einer stellvertretenden Leitung ohne Freistellungsstunden sind in Absprache mit der Leitung und entsprechend den internen Regelungen der Kita festzulegen.

Anzumerken ist außerdem, dass eine stellvertretende Leitung in der Regel keine Vergütung für ihre zusätzlichen Tätigkeiten erhält.

Stellvertretende Leitung mit Teilfreistellung

Eine stellvertretende Leitung in einer Kita mit einer Teilfreistellung bezieht sich auf eine Fachkraft, die die Funktion der stellvertretenden Leitung neben ihrer regulären Arbeit in der Kita übernimmt, jedoch eine gewisse Anzahl an Freistellungsstunden erhält, um ihre Aufgaben als stellvertretende Leitung wahrnehmen zu können.

In Kitas, in denen eine stellvertretende Leitung mit einer Teilfreistellung eingesetzt wird, wird ein:e erfahrene:r Erzieher:in mit den erforderlichen Qualifikationen und Fähigkeiten zur Übernahme der stellvertretenden Leitungsaufgaben ausgewählt. Diese Fachkraft arbeitet sowohl mit den Kindern als auch in ihrer Rolle als stellvertretende Leitung.

Die Teilfreistellung ermöglicht es der stellvertretenden Leitung, während der Freistellungsstunden spezifische Aufgaben im Bereich der Kita-Verwaltung, Organisation und Führung zu übernehmen. Dazu gehören beispielsweise die Dienstplangestaltung, die Koordination des Teams bei Personalmangel, die

Umsetzung der pädagogischen Konzepte, die Unterstützung der Leitung bei der Personalführung und -entwicklung sowie die Kommunikation mit Eltern und externen Partnern.

Die genaue Anzahl der Freistellungsstunden einer stellvertretenden Leitung mit Teilfreistellung variiert je nach den Vorgaben der Kita und den individuellen Bedürfnissen der Einrichtung. Diese Stunden werden normalerweise gezielt für die Wahrnehmung von Aufgaben genutzt, die spezifisch für die stellvertretende Leitung sind und nicht während der regulären Arbeit mit den Kindern erledigt werden können.

Die konkreten Aufgaben und Verantwortlichkeiten einer stellvertretenden Leitung mit Teilfreistellung sollten in Absprache mit der Leitung festgelegt werden, um sicherzustellen, dass die Erwartungen und Anforderungen klar definiert sind und die stellvertretende Leitung effektiv arbeiten kann.

In der Regel werden die ausgewiesenen Freistellungsstunden der stellvertretenden Leitung gesondert vergütet. Das bietet einen zusätzlichen Anreiz, die Position der stellvertretenden Leitung und die damit verbundene Mehrarbeit und Verantwortung zu übernehmen.

Freigestellte stellvertretende Leitung

Eine freigestellte stellvertretende Leitung in der Kita bezieht sich auf eine Fachkraft, die vollständig von ihrer regulären Arbeit mit den Kindern freigestellt ist und sich ausschließlich den Aufgaben und Verantwortlichkeiten der stellvertretenden Leitung widmet.

Im Gegensatz zu einer stellvertretenden Leitung mit einer Teilfreistellung, die sowohl die Arbeit mit den Kindern als auch die stellvertretenden Aufgaben ausübt, ist eine freigestellte stellvertretende Leitung ausschließlich für die Übernahme der stellvertretenden Leitungsaufgaben zuständig. Dies kann in Teil- oder in Vollzeit stattfinden.

Die freigestellte stellvertretende Leitung arbeitet eng mit der Leitung zusammen und unterstützt diese bei der Organisation und dem reibungslosen Ablauf des Kita-Betriebs. Die Aufgaben und Verantwortlichkeiten einer freigestellten stellvertretenden Leitung können vielfältig sein und umfassen unter anderem die Dienstplangestaltung, Personalführung und -entwicklung, die Entwicklung und Umsetzung von pädagogischen Konzepten, die Sicherstellung der Einhaltung von Qualitätsstandards, die Koordination des Teams, die Kommunikation mit Eltern und externen Partnern sowie allgemeine Verwaltungsaufgaben.

Da die freigestellte stellvertretende Leitung keine direkte Verantwortung für die Betreuung der Kinder trägt, kann sie sich vollständig auf die Aufgaben konzentrieren, die für die effektive Leitung und Organisation der Kita von Bedeutung sind. Dies ermöglicht eine gezielte und effiziente Ausführung der stellvertretenden Leitungsfunktion. Bei Personalengpässen geht sie in die entsprechenden Gruppen, unterstützt diese bei der Begleitung der Kinder und hält somit der Leitung den Rücken für deren Tätigkeiten frei.

Die genauen Aufgaben und Verantwortlichkeiten einer freigestellten stellvertretenden Leitung sollten in Absprache mit der Leitung und entsprechend den internen Regelungen durch den Träger festgelegt werden, um sicherzustellen, dass alle relevanten Aspekte der Kita-Führung angemessen berücksichtigt werden. Die freigestellte stellvertretende Leitung spielt eine entscheidende Rolle bei der Aufrechterhaltung des reibungslosen Betriebs der Kita und der Umsetzung der pädagogischen Ziele in der Zusammenarbeit mit der Leitung und in Abwesenheit dieser.

Da eine ständig freigestellte stellvertretende Leitung in der Regel in den laufenden Führungs- und Verwaltungsalltag der Kita eingebunden ist, kann sie im Falle der Abwesenheit der Leitung den Kita-Alltag übernehmen und nahtlos weiterführen.

Die ständig freigestellte stellvertretende Leitung erhält in der Regel eine ihrer Position angemessene Vergütung, die sich von der einer pädagogischen Fachkraft, die ausschließlich im Gruppendienst arbeitet, unterscheidet.

Kommissarische Leitung

Die Position einer kommissarischen Leitung bezieht sich auf eine vorübergehende Übernahme der Leitungsfunktion in der Kita, wenn die reguläre Leitung beispielsweise aufgrund einer Erkrankung für längere Zeit nicht verfügbar ist oder die Stelle vakant ist. Die kommissarische Leitung übernimmt die Aufgaben und Verantwortlichkeiten der Leitung während dieser Zeit.

Die Aufgaben einer kommissarischen Leitung können vielfältig sein und umfassen unter anderem:

- *Leitungsverantwortung.* Die kommissarische Leitung übernimmt die Gesamtverantwortung für den reibungslosen Betrieb der Kita. Sie trägt die Verantwortung für die pädagogische Qualität, die Einhaltung von Vorschriften und Standards, die Personalverwaltung und die Kommunikation mit Eltern und externen Partnern.

- *Personalführung.* Die kommissarische Leitung ist für die Führung und Koordination des Teams zuständig. Dies umfasst Aufgaben wie die Dienstplangestaltung, Personaleinsatzplanung, Unterstützung und Weiterentwicklung der Mitarbeiter:innen, Förderung eines positiven Arbeitsklimas und Lösung von Konflikten.
- *Organisatorische Aufgaben.* Die kommissarische Leitung ist für die Organisation des Kita-Betriebs verantwortlich. Dazu gehören die Koordination des Tagesablaufs, die Umsetzung von pädagogischen Konzepten, die Sicherstellung der Einhaltung von Vorschriften und Richtlinien sowie die Verwaltung von Ressourcen und Budgets.
- *Kommunikation.* Die kommissarische Leitung steht in engem Kontakt mit Eltern, Mitarbeitenden und dem Träger. Sie ist für die Kommunikation von Informationen sowie für das Beantworten von Fragen und Anliegen verantwortlich.

Mit der Position der kommissarischen Leitung sind nicht selten ganz bestimmte Herausforderungen verbunden, die zu bewältigen sind. Beispielsweise:

- *Einarbeitung und schneller Einstieg.* Eine kommissarische Leitung muss sich schnell in die Strukturen und Arbeitsweisen der Kita einfinden, um effektiv agieren zu können.
- *Übernahme von Verantwortung.* Die kommissarische Leitung sollte in der Lage sein, schnell Entscheidungen zu treffen und Verantwortung für den Kita-Betrieb zu übernehmen.
- *Teamführung und Akzeptanz.* Für die kommissarische Leitung gilt es, das Vertrauen und die Akzeptanz des Teams zu gewinnen, um effektiv führen zu können, obwohl sie eine vorübergehende Position innehat.
- *Kontinuität und Stabilität.* Die kommissarische Leitung muss sicherstellen, dass der Kita-Betrieb während der Abwesenheit oder Vakanz der regulären Leitung kontinuierlich und stabil bleibt.

Die Chancen der kommissarischen Leitungsposition

Chancen eine kommissarische Leitungsposition zu übernehmen:

- *Entwicklung von Führungsqualitäten.* Die Übernahme einer kommissarischen Leitung bietet die Möglichkeit, die eigenen Führungsqualitäten weiterzuentwickeln und Erfahrungen in der Leitungsfunktion zu sammeln.
- *neutrale Perspektive.* Eine kommissarische Leitung kann eine neutrale Perspektive und neue Ideen und Ansätze in die Kita einbringen.

- *Teamstärkung.* Durch eine gute Kommunikation und Zusammenarbeit mit dem Team kann die kommissarische Leitung zur Stärkung des Teams und zur Förderung einer positiven Arbeitskultur beitragen.

Es ist wichtig, zu beachten, dass die genauen Herausforderungen und Chancen einer kommissarischen Leitung von verschiedenen Faktoren abhängen, wie zum Beispiel der Dauer der Vertretung, den vorhandenen Strukturen und der Zusammenarbeit mit dem Team.

Ein weiterer Faktor besteht in der Frage, ob die kommissarische Leitung aus dem Team oder von außen dazu kommt. Ein wesentlicher Unterschied zwischen einer kommissarischen Leitung, die von intern oder extern kommt, liegt in der Vertrautheit mit der betreffenden Kita und dem dazugehörigen Team.

Eine interne kommissarische Leitung wird aus dem bestehenden Team oder aus dem inneren Kreis der Kita rekrutiert. Sie hat bereits Kenntnisse über die Kita-Kultur, das pädagogische Konzept und die internen Strukturen. Dadurch kann sie schnell in die Leitungsposition einsteigen und das Vertrauen des Teams einfacher gewinnen.

Die externe kommissarische Leitung hingegen wird von außerhalb der Kita rekrutiert und bringt neue Perspektiven und frische Ideen mit. Diese Person kann beispielsweise eine erfahrene Leitungskraft aus einer anderen Kita oder eine externe Fachkraft sein, die über umfangreiche Kenntnisse und Erfahrungen im Bereich der Kita-Leitung verfügt. Die externe kommissarische Leitung bringt möglicherweise frischen Wind, neue Ansätze und externe Fachkenntnisse in die Kita ein. Allerdings benötigt sie Zeit, um die Kita, das Team und die Besonderheiten der Einrichtung kennenzulernen.

Auch hier erwarten die kommissarische Leitung unterschiedliche Herausforderungen und Chancen. Die interne kommissarische Leitung hat möglicherweise bereits eine gute Beziehung zum Team und kennt die Strukturen der Kita. Die Herausforderung besteht darin, von dem:der Kolleg:in zur Führungsperson zu werden und eventuelle Spannungen oder Konflikte innerhalb des Teams zu bewältigen. Die Chance besteht darin, bereits vorhandene Vertrauensverhältnisse zu nutzen und ein nahtloses Übergangsmanagement zu gewährleisten.

Bei der externen kommissarischen Leitung müssen das Vertrauen und die Akzeptanz des Teams erst gewonnen werden, das möglicherweise eine enge Bindung zur bisherigen Leitung hat. Die Herausforderung besteht darin, schnell Vertrauen aufzubauen, die Kita-Kultur zu verstehen und die Bedürfnisse des Teams zu erkennen. Die Chance liegt darin, unvoreingenommen neue Ideen einzubringen, das Team zu motivieren und möglicherweise frischen Schwung in die Kita zu bringen.

Es ist wichtig, zu beachten, dass die Wahl zwischen einer internen oder externen kommissarischen Leitung von verschiedenen Faktoren abhängt, wie beispielsweise den individuellen Bedürfnissen der Kita, der Verfügbarkeit qualifizierter Personen und den Zielen, die mit der kommissarischen Leitung erreicht werden sollen.

Unabhängig von den einzelnen hier benannten Ausübungsformen besteht die zentrale Aufgabe der stellvertretenden Leitung darin, dass er:sie den Betrieb am Laufen hält, wenn die zuständige Kita-Leitung abwesend ist. In Absprache mit der Leitung können weitere Zuständigkeiten und Befugnisse dazu kommen. Das ist von Einrichtung zu Einrichtung komplett unterschiedlich.

2.3 Aufgaben einer stellvertretenden Leitung

Die Aufgaben einer stellvertretenden Leitung sind sehr vielschichtig und komplex – unabhängig davon, ob diese die Aufgaben ausschließlich in der Abwesenheit der Leitung übernimmt oder sie durch den Freistellungsanteil kontinuierlich in die Leitungstätigkeit einbezogen ist.

Das Aufgabenspektrum bezieht sich auf die Zusammenarbeit mit der Leitung, dem Träger, dem Team, den Eltern, den Kinder und teilweise der Öffentlichkeit in Form von Kooperationen und Vernetzungen mit anderen Institutionen. Es bedarf immer einer guten Absprache und Klärung der Zuständigkeiten, damit der Kita-Alltag möglichst reibungslos verläuft.

Die wesentlichen Aufgaben einer stellvertretenden Leitung in der Kita umfassen:

- *Führung und Koordination des Teams.* Die stellvertretende Leitung unterstützt die Leitung bei der Führung und Koordination des Teams. Das beinhaltet die Unterstützung bei der Personaleinsatzplanung, der Förderung eines positiven Arbeitsklimas und der Lösung von Konflikten im Team.
- *Organisation und Koordination des Kita-Betriebs.* Die stellvertretende Leitung ist in Absprache mit der Leitung entweder unterstützend oder in deren Abwesenheit für die Organisation und Koordination des Kita-Betriebs verantwortlich. Dazu gehören die Planung und Umsetzung des Tagesablaufs, die Sicherstellung der Einhaltung von Qualitätsstandards und gesetzlichen Vorgaben, die Verwaltung von Ressourcen und Budgets sowie die Zusammenarbeit mit externen Partnern.
- *Pädagogische Verantwortung.* Die stellvertretende Leitung trägt Mitverantwortung für die pädagogische Qualität in der Kita. Dies beinhaltet die Um-

setzung und Weiterentwicklung des pädagogischen Konzepts, die Unterstützung der Mitarbeitenden bei der Planung und Gestaltung von pädagogischen Aktivitäten sowie die Gewährleistung einer inklusiven und individuellen Förderung der Kinder.

- *Elternkommunikation und Zusammenarbeit.* Die stellvertretende Leitung steht in regelmäßigem Kontakt mit den Eltern und pflegt eine offene und vertrauensvolle Kommunikation. Sie informiert die Eltern über wichtige Angelegenheiten, beantwortet Fragen und Anliegen und arbeitet eng mit ihnen zusammen, um die bestmögliche Unterstützung und Förderung der Kinder zu gewährleisten.
- *Praxisanleitung.* In manchen Einrichtungen übernimmt die stellvertretende Leitung die Koordination der Praxisanleitung. Dazu gehört die Auswahl, Zuordnung und Begleitung der Auszubildenden und Praxisanleitenden in der Kita. Sie entwickelt ein Anleitungskonzept und sorgt für die Umsetzung.
- *Qualitätsmanagement und Weiterentwicklung.* Die stellvertretende Leitung ist an der Weiterentwicklung der Kita beteiligt. Sie unterstützt die Leitung bei der Umsetzung von Qualitätsmanagementprozessen, bei der Evaluation und Reflexion der pädagogischen Arbeit, bei der Weiterbildung des Teams und bei der Entwicklung neuer Konzepte und Projekte.

Die Aufgaben einer stellvertretenden Leitung

Die genauen Aufgaben einer stellvertretenden Leitung können je nach Kita und den individuellen Anforderungen variieren. Abhängig von der Stellenbeschreibung und den individuellen Absprachen von Leitung und stellvertretender Leitung kann die Stellvertretung folgende Aufgabenbereiche übernehmen:

- Personalführung, -entwicklung und -einsatzplanung,
- Einführung neuer Mitarbeitender,
- Öffentlichkeitsarbeit,
- Vertretung der Kita in Gremien etc.,
- Konzeptentwicklung mit Orientierung an aktuellen Bildungsstandards,
- Qualitätssicherung,
- Zertifizierung, Re-Zertifizierung, Audits etc.,
- Sicherheitsbegehungen,
- Verwaltungsaufgaben, Buchhaltung, Büroorganisation (Pflege und Sicherung von Daten),
- Zusammenarbeit mit dem Träger und anderen Netzwerkpartnern,
- Aufbau und Ausbau der Kita als Familienzentrum,

- Stadtteil-, Sozialraum und Netzwerkarbeit,
- Dokumentation aller bildungsrelevanten Gegebenheiten in der Kita,
- Übernahme hauswirtschaftlicher Tätigkeiten,
- Ansprechpartner:in für die Leitung, Ansprechpartner:in für das Team, die Elternschaft und den Träger,
- Führen von Inventarlisten (Grundausstattung, Spielmaterialien etc.),
- Führungsverantwortung,
- Führen von Personal- und Entwicklungsgesprächen,
- Vermittlung und Begleitung bei herausfordernden Elterngesprächen,
- Kenntnisse über Arbeitsrecht und Arbeitssicherheit,
- Kenntnisse über Hygienevorschriften,
- Erst- und Aufnahmegespräche führen,
- Dienstplangestaltung, Stundenabrechnung, Urlaubsplanung,
- Betreuung, Begleitung von Auszubildenden, Studierenden und Bundesfreiwilligendienstler:innen.

Als Leitungstandem sollten Sie sich folgende Fragen beantworten: Wer von uns hat bereits welche Aufgaben übernommen? Sind wir zufrieden mit dieser Aufgabenverteilung? Arbeiten wir bereits stärken-, ressourcen- und kompetenzorientiert? Gibt es etwas, das wir verändern sollten? Was brauchen wir, um dies verändern zu können?

2.4 Erwartungen an eine Rolle

Wie bereits herausgearbeitet liegt der Fokus auf der selbständigen Übernahme der Verantwortung für das gesamte Geschehen der Einrichtung im Sinne der Leitung, wenn diese nicht da ist. Daraus ergeben sich seitens der Leitung aber auch seitens der Teamkolleg:innen Anforderungen und Erwartungen, die an die Position und die damit verbundene Rolle geknüpft sind.

Leitung und auch die Teamkolleg:innen setzen in der Regel voraus, dass die stellvertretende Leitung ein fachlich fundiertes Grundwissen mitbringt und deswegen Expert:in für die pädagogische Arbeit mit Kindern und Eltern ist. Demzufolge ist davon auszugehen, dass sie weiß, wie pädagogische Arbeit funktioniert. Darüber hinaus erwartet die Leitung von einer stellvertretenden Leitung den Überblick über die Gesamtzusammenhänge und Abläufe in der Kindertagesstätte und die Fähigkeit, die pädagogische Arbeit in Kooperation mit dem Team in ihrer Abwesenheit zu planen, zu koordinieren und umzusetzen. Außerdem geht die Leitung davon aus, dass die stellvertretende Leitung mit ihrer Machtposition verantwortungsvoll umgeht. Sie verlässt sich darauf, dass Informationen nicht ungefiltert weitergegeben und notwendige Entscheidungen im Sinne der Leitung und der Kita getroffen werden.

Die Teamkolleg:innen erwarten andererseits ein Miteinander auf Augenhöhe, bei dem sie mit ihren individuellen Stärken und Kompetenzen in den Arbeits- und Teamprozess einbezogen werden. Auch sie müssen sich darauf verlassen können, dass die stellvertretende Leitung ihre Machtposition ihnen gegenüber nicht ausnutzt.

Dazu bedarf es besonderer fachlicher und persönlicher Kompetenzen, auf die im Kapitel 2.6 näher eingegangen wird.

> Mit der Position der stellvertretenden Leitung ist ein höheres Maß an Machtbefugnissen verknüpft. Mit dieser Macht gilt es, verantwortungsbewusst umzugehen.

2.5 Die Zusammenarbeit mit der Leitung

Die Zusammenarbeit mit der Leitung ist für eine stellvertretende Leitung in der Kita von großer Bedeutung. Eine gute Zusammenarbeit trägt dazu bei, dass der Kita-Betrieb reibungslos läuft, die pädagogischen Ziele erreicht werden und ein positives Arbeitsumfeld geschaffen wird.

Wichtig für diese Zusammenarbeit sind folgende Aspekte:

- *Kommunikation.* Eine offene und regelmäßige Kommunikation ist entscheidend. Die stellvertretende Leitung sollte aktiv mit der Leitung kommunizieren und Informationen austauschen, sei es über den Kita-Betrieb, pädagogische Entscheidungen, Personalangelegenheiten oder andere relevante Themen. Dies kann in regelmäßigen Besprechungen, Teammeetings oder individuellen Gesprächen erfolgen.
- *Abstimmung von Aufgaben und Verantwortlichkeiten.* Es ist wichtig, dass die stellvertretende Leitung und die Leitung ihre Aufgaben und Verantwortlichkeiten klar definieren und abstimmen. Dies ermöglicht eine klare Rollenverteilung und vermeidet Missverständnisse. Die stellvertretende Leitung sollte wissen, welche Aufgaben sie eigenverantwortlich übernimmt und welche Aufgaben in Absprache oder unter Anleitung der Leitung erledigt werden sollen.
- *Unterstützung und Vertretung.* Die stellvertretende Leitung sollte die Leitung aktiv unterstützen und sie bei Bedarf vertreten. Dies bedeutet, dass die stell-

vertretende Leitung die Verantwortung übernimmt, wenn die Leitung abwesend ist, sei es aufgrund von Krankheit, Urlaub oder aus anderen Gründen. Dies erfordert eine gute Zusammenarbeit, enge Absprachen und eine klare Kommunikation zwischen der stellvertretenden Leitung und der Leitung.
- *Ideenaustausch und Entscheidungsfindung.* Die Zusammenarbeit mit der Leitung beinhaltet auch den Austausch von Ideen, das Diskutieren von pädagogischen Konzepten und die gemeinsame Entscheidungsfindung. Die stellvertretende Leitung kann wertvolle Perspektiven und Vorschläge einbringen und in enger Zusammenarbeit mit der Leitung die besten Lösungen für die Kita erarbeiten.
- *Professionalität, Loyalität und Respekt.* Die stellvertretende Leitung sollte die Entscheidungen und die Autorität der Leitung respektieren und in der Zusammenarbeit eine professionelle Haltung wahren. Gegenseitiges Vertrauen, Offenheit und Wertschätzung bilden die Grundlage für eine positive und produktive Zusammenarbeit. Eine erfolgreiche Zusammenarbeit mit der Leitung ist von Vorteil, um die gemeinsamen Ziele zu erreichen und eine gute Führung der Kita zu gewährleisten.

Im besten Falle verstehen sich Leitung und stellvertretende Leitung als Leitungstandem.

Um eine möglichst reibungslose und vertrauensvolle Zusammenarbeit zu gewährleisten, sollten stellvertretende Leitung und Leitung im regelmäßigen Austausch stehen, transparent kommunizieren und als Team zusammenarbeiten.

2.6 Erforderliche Eigenschaften und Kompetenzen

Spezielle Zugangsvoraussetzungen und fachliche Kompetenzen sind für stellvertretende Leitungen anders als bei Einrichtungsleitungen bislang nicht verbindlich formuliert. Im Einzelfall gibt es Träger, die auch hier beispielsweise eine mindestens zweijährige Berufserfahrung als Erzieher:in im Arbeitsfeld der Kindertagesbetreuung oder eine ähnliche Qualifikation voraussetzen.

Nichtsdestotrotz sollte die stellvertretende Leitung folgende persönliche Kompetenzen mitbringen (vgl. Thurmann/Weiher, 2012):
- *Selbstvertrauen.* Die stellvertretende Leitung sollte sich zunächst einmal selbst zutrauen, dass sie den Anforderungen und Aufgaben gewachsen ist.

Sie geht mit Selbstvertrauen auf ihre Rolle zu, nimmt die Herausforderung an und hat eine positive Ausstrahlung. Dazu sollte sie um ihre Stärken wissen und diese bewusst einsetzen.

- *situative Wendigkeit.* Da der Vertretungsfall meist ungeplant eintritt, braucht die stellvertretende Leitung einen hohen Grad an Selbständigkeit und Flexibilität, um die Fülle von Aufgaben situativ zu bewältigen.
- *systemischer Weitblick.* Die Kita ist ein komplexes System, das sich aus den unterschiedlichsten Gruppen und Gruppierungen zusammensetzt. Die stellvertretende Leitung benötigt die Fähigkeit, die damit verbundenen komplexen Sachverhalte, Probleme oder Situationen in einem breiteren Zusammenhang zu betrachten und die langfristigen Auswirkungen von Handlungen, Entscheidungen oder Entwicklungen zu erkennen. Besonders im Rahmen der Teamarbeit sind nicht nur isolierte Einzelteile zu betrachten, sondern die Wechselwirkungen, Abhängigkeiten und Interaktionen zwischen Leitungsebene, Teammitgliedern, Kleinteams und dem Großteam zu verstehen.
- *Fähigkeit zum Beziehungsaufbau.* Jede pädagogische Fachkraft sollte aufgrund ihres Berufsbildes einen überdurchschnittlichen Grad an Beziehungskompetenz mitbringen. Die stellvertretende Leitung braucht dies elementar, um Beziehungen zu Kindern, Eltern, der Leitungskraft und den Teammitgliedern aufbauen, intensivieren und pflegen zu können. Dabei gilt es immer, den professionellen Kontext zu wahren. Selbst wenn es im persönlichen Kontext freundschaftliche Beziehungen gibt, sollte dies klar von der beruflichen Rolle und den damit verbundenen Aufgaben abgegrenzt werden.
- *kommunikative Kompetenzen.* Die stellvertretende Leitung steht permanent im Dialog und Austausch mit Leitung und Teammitgliedern. Sie erhält Informationen von allen Seiten und ständig gilt es, Absprachen zu treffen. Eine offene und transparente Kommunikation ist für das Vertrauen und die Zusammenarbeit der Mitarbeiter:innen sehr wichtig und förderlich.
- *Einfühlungsvermögen und Distanzierungskompetenz.* Die Balance zwischen Einfühlungsvermögen und Distanzierungsfähigkeit bezieht sich auf die Fähigkeit, empathisch auf andere Menschen einzugehen und sich in ihre Gefühle und Perspektiven hineinzuversetzen und gleichzeitig in der Lage zu sein, eine gewisse emotionale Distanz zu wahren, um nicht von den Gefühlen anderer überwältigt oder beeinflusst zu werden. Distanzierungsfähigkeit ist besonders in beruflichen Situationen wichtig, in denen es notwendig ist, professionelle Entscheidungen zu treffen, ohne von persönlichen Emotionen überwältigt zu werden.

Stellvertretende Leitungen in einer Kita müssen diese Balance finden, um einfühlsam auf die Bedürfnisse der Kinder, Eltern und Mitarbeiter einzugehen, während sie gleichzeitig eine professionelle und objektive Führung aufrechterhalten, um die besten Entscheidungen für die Kita zu treffen. Es ist eine feine Linie, die es zu navigieren gilt, die, wenn sie gut umgesetzt wird, eine positive und unterstützende Umgebung in der Kita eröffnet.

- *Ambiguitätstoleranz.* In einer Kita gibt es eine Vielzahl von Herausforderungen, die oft nicht eindeutig gelöst werden können. Die Fähigkeit zur Ambiguitätstoleranz bezieht sich auf die Bereitschaft und Fähigkeit, Mehrdeutigkeit und Ungewissheit in verschiedenen Situationen zu akzeptieren und damit umzugehen. Unklare Situationen können großen Stress verursachen, eine ambiguitätstolerante Führungskraft ist auf jeden Fall besser in der Lage, mit Stress umzugehen und in unsicheren Zeiten Ruhe zu bewahren.
- *innere Klarheit.* Innere Klarheit ist eine bedeutende Kompetenz einer stellvertretenden Leitung, die eine positive und effektive Führung fördert. Diese Fähigkeit bezieht sich auf das Verständnis der eigenen Werte, Überzeugungen, Ziele und Grenzen sowie auf die Fähigkeit, diese inneren Aspekte bewusst zu reflektieren und zu integrieren.
  Mithilfe innerer Klarheit fällt es der stellvertretenden Leitung einfacher, Entscheidungen zu treffen, authentisch zu sein und ihr Verhalten und ihre Handlungen in Einklang mit ihren Überzeugungen zu bringen.
  In Konfliktsituationen kann innere Klarheit der stellvertretenden Leitung helfen, ruhig und besonnen zu reagieren und angemessene Lösungen zu finden, ohne zu sehr von Emotionen oder äußeren Einflüssen überwältigt zu werden.
  Innere Klarheit hilft dabei, mit Unsicherheiten und Herausforderungen gelassener umzugehen, da die stellvertretende Leitung ihre eigenen Werte und Ziele als Orientierung nutzen kann.
  Insgesamt ermöglicht innere Klarheit einer stellvertretenden Leitung eine ausbalancierte und selbstbewusste Führung, die die Entwicklung der Kita, die Zusammenarbeit mit dem Team und die Betreuung der Kinder positiv beeinflusst.
- *Konflikt(lösungs)fähigkeit.* Konflikt(lösungs)fähigkeit ist eine wesentliche Kompetenz, da Konflikte in der Praxis unvermeidlich sind und eine professionelle und angemessene Bewältigung von Konflikten für eine positive Arbeitskultur und erfolgreiche Zusammenarbeit von großer Bedeutung ist.
  Eine stellvertretende Leitung mit hoher Konfliktfähigkeit ist in der Lage, Konflikte frühzeitig zu erkennen, bevor sie eskalieren und zu größeren Problemen führen.

Konflikte können stressig und belastend sein. Eine stellvertretende Leitung, die gut mit Konflikten umgehen kann, kann den Stresslevel für sich selbst und die Mitarbeitenden reduzieren und zu einem verbessertem Arbeitsklima beitragen.

- *Loyalität gegenüber Team und Leitung.* Als stellvertretende Leitung steht der:die Rolleninhaber:in immer auch zwischen Team und Leitung. Daher ist es sehr wichtig, dass er:sie die Loyalität zu Team und Leitung gleichermaßen wahrt.
  Die Loyalität der stellvertretenden Leitung gegenüber dem Team und der Leitung schafft ein Gefühl von Vertrauen und Zusammenhalt innerhalb der Organisation. Teammitglieder fühlen sich unterstützt und wissen, dass ihre stellvertretende Leitung sowohl ihre Interessen als auch die Interessen der Kita-Leitung berücksichtigt. Die Kita-Leitung weiß gleichzeitig, dass sie sich auf die stellvertretende Leitung verlassen kann.
  Diese Loyalität fördert eine offene und ehrliche Kommunikation zwischen allen Beteiligten. Das hilft der stellvertretenden Leitung, effektiv Informationen und Anliegen zwischen Leitung und Team zu vermitteln, ohne dass das Vertrauen beider Seiten beeinträchtigt wird.
  Eine loyale stellvertretende Leitung führt mit Konsistenz und Integrität, da ihre Entscheidungen und Handlungen im Einklang mit den Werten und Zielen der Kita stehen, die von der Leitung festgelegt wurden.
  Die gleichzeitige Loyalität der stellvertretenden Leitung zu beiden Parteien steigert die Motivation und das Engagement des Teams. Teammitglieder fühlen sich wertgeschätzt und anerkannt, was zu einer erhöhten Arbeitszufriedenheit führt.
  In Konfliktsituationen kann die Loyalität der stellvertretenden Leitung zu Leitung und Team dabei helfen, Konflikte konstruktiv zu lösen, indem sie die Bedürfnisse und Perspektiven beider Seiten berücksichtigt.
  Eine stellvertretende Leitung, die loyal zu Leitung und Team steht, fungiert als Vorbild für die Mitarbeitenden. Dies ist für eine allgemeine Kultur der Loyalität und des Respekts im gesamten Team sehr förderlich.
- *Vermittlungskompetenz zwischen Team und Leitung.* Die stellvertretende Leitung spielt eine wichtige Rolle als Vermittler:in zwischen dem Team und der Leitung, da sie eine einzigartige Position in der Organisation einnimmt, die es ihr ermöglicht, die Perspektiven und Bedürfnisse beider Seiten zu verstehen und im besten Fall effektiv zu vermitteln.
  Sie agiert dabei nicht selten als Brückenbauer:in zwischen dem Team und der Leitung. Sie hat eine enge Beziehung zu beiden Seiten und kann daher als Mittler:in dazu beitragen, Missverständnisse und Kommunikationsprobleme zu überwinden

Durch ihre Position hat die stellvertretende Leitung ein tiefes Verständnis für die Perspektiven und Bedürfnisse sowohl des Teams als auch der Leitung. Sie kann sich in beide Seiten hineinversetzen und so die Anliegen und Sichtweisen beider Parteien besser nachvollziehen.
Als enge Bezugsperson für das Team kann die stellvertretende Leitung die Anliegen, Bedürfnisse und Befindlichkeiten der Mitarbeitenden aufgreifen und gegenüber der Leitung angemessen vertreten.
Gleichzeitig kann die stellvertretende Leitung die Visionen und Ziele der Leitung in das Team hineintragen und sicherstellen, dass diese verstanden und unterstützt werden.
In Konfliktsituationen kann die stellvertretende Leitung als neutrale:r Vermittler:in auftreten und versuchen, gemeinsame Lösungen zu finden, die die Interessen von Team und Leitung berücksichtigen.
Insgesamt ist die Vermittlungskompetenz der stellvertretenden Leitung zwischen Team und Leitung von großer Bedeutung, da sie dazu beiträgt, eine effektive Kommunikation zu gewährleisten, Konflikte zu bewältigen, das Vertrauen zu stärken und die Zusammenarbeit zu fördern. Ihre einzigartige Position erlaubt es ihr, als Bindeglied zwischen beiden Seiten zu agieren und die gemeinsamen Ziele der Kita zu unterstützen.

- *vertieftes Verständnis für die Handlungszusammenhänge der Leitung.* In diesem Zusammenhang bedeutet das vertiefte Verständnis seitens der stellvertretenden Leitung für die Handlungszusammenhänge der Leitung, dass sie die Entscheidungsprozesse, Prioritäten und Herausforderungen, mit denen die Leitungsebene konfrontiert ist, versteht. Die stellvertretende Leitung ist in einer einzigartigen Position, da sie eng mit der Leitung zusammenarbeitet und Einblicke in die strategische Ausrichtung und die Zielsetzungen der Kita hat. Die stellvertretende Leitung versteht die übergeordneten Ziele und langfristigen Pläne der Kita, die von der Leitungsebene festgelegt wurden. Dieses Verständnis ermöglicht es ihr, Entscheidungen und Handlungen im Einklang mit den übergeordneten Zielen mitzutragen und gegebenenfalls im Sinne der Leitung und des Trägers zu treffen.
  Die stellvertretende Leitung weiß, wie Ressourcen wie Zeit, Budget und Personal von der Leitungsebene zugewiesen werden und kann ihre eigenen Entscheidungen entsprechend danach ausrichten. Sie versteht, welche Projekte, Programme oder Initiativen von der Leitungsebene als prioritär eingestuft werden, und kann ihre eigene Arbeit entsprechend priorisieren.
  Die stellvertretende Leitung hat ein Bewusstsein für die Werte und die Kultur der Kita, die von der Leitungsebene geprägt werden, und kann dazu beitragen, diese Kultur im Team zu fördern.

Ein vertieftes Verständnis für die Handlungszusammenhänge der Leitung ermöglicht es der stellvertretenden Leitung, die Leitungsebene in ihrer Arbeit zu unterstützen und als verlässliche Partnerin zu agieren.
Durch ein solches vertieftes Verständnis kann die stellvertretende Leitung effektiver als Vermittler:in zwischen Team und Leitung auftreten, da sie die Entscheidungen und die Vorgehensweise der Leitung besser nachvollziehen und erläutern kann.

- *Rollenklarheit.* Die Rollenklarheit definiert eindeutige Zuständigkeiten, Verantwortlichkeiten und Erwartungen, die mit einer bestimmten Position oder Rolle in einer Organisation verbunden sind. Es geht darum, sicherzustellen, dass jede Person in der Organisation genau weiß, welche Aufgaben sie zu erfüllen hat, welche Entscheidungsbefugnisse sie besitzt und wie ihre Rolle in das Gesamtbild der Organisation passt. Diese Rollenklarheit schafft Transparenz und Struktur, fördert effektive Zusammenarbeit und verhindert Missverständnisse und Konflikte.
  Als stellvertretende Leitung hat man oft eine breite Palette an Aufgaben, die von administrativen und organisatorischen Tätigkeiten bis hin zur direkten Betreuung der Kinder reichen können. Rollenklarheit stellt sicher, dass die stellvertretende Leitung genau weiß, welche Verantwortlichkeiten sie in ihrer Rolle hat und wie sie diese am besten bewältigen kann.
  In der Teamführung hilft die Rollenklarheit, klare Anweisungen und Erwartungen zu kommunizieren, Konflikte effektiv zu lösen und die Produktivität und Motivation des Teams zu steigern.
  Als stellvertretende Leitung gilt es oft, in Abwesenheit der Hauptleitung wichtige Entscheidungen zu treffen. Rollenklarheit gewährleistet, dass sie genau weiß, wie sie in dieser Rolle agieren soll und dass ihre Entscheidungen im Einklang mit den Zielen und Werten der Kita stehen. Als Bindeglied zwischen dem Team und der Leitung ist es für die stellvertretende Leitung besonders wichtig, eine klare Rollendefinition zu haben. Sie muss die Anliegen und Bedürfnisse des Teams an die Leitung weitergeben und umgekehrt die Entscheidungen und Vorgaben der Leitung dem Team vermitteln.
- *organisatorisches Geschick.* Organisatorisches Geschick ist eine äußerst wichtige Kompetenz für eine stellvertretende Leitung, da sie in dieser Rolle eine Vielzahl von Aufgaben und Verantwortlichkeiten hat, die eine effiziente Organisation und strukturiertes Vorgehen erfordern.
  Als stellvertretende Leitung muss man oft mit verschiedenen Aufgaben jonglieren, von der Koordination des Personaleinsatzes, Organisation des pädagogischen Alltags, Übernahme von Bürotätigkeiten bis zur Durchführung von Teambesprechungen. Organisatorisches Geschick hilft dabei, die Zeit

effizient zu nutzen und Prioritäten zu setzen, um alle Aufgaben möglichst fristgerecht zu erledigen.

Gleichzeitig unterstützt organisatorisches Geschick dabei, klare Strukturen und Abläufe zu schaffen, um eine reibungslose Teamarbeit zu gewährleisten. Als stellvertretende Leitung ist man oft in die Planung und Umsetzung von Projekten involviert, sei es die Einführung neuer pädagogischer Ansätze oder die Organisation von Veranstaltungen. Organisatorisches Geschick ist entscheidend, um diese Projekte erfolgreich zu planen, zu steuern und umzusetzen. In unvorhergesehenen Situationen oder Krisen ist organisatorisches Geschick unerlässlich, um schnell und angemessen zu reagieren und geeignete Maßnahmen zu ergreifen.

Insgesamt ist organisatorisches Geschick für eine stellvertretende Leitung von entscheidender Bedeutung, um die Komplexität und Vielfalt ihrer Aufgaben effektiv zu bewältigen, das Team zu koordinieren, Ressourcen optimal zu nutzen und eine erfolgreiche und gut strukturierte Führung der Kita zu gewährleisten.

- *administrative Fähigkeiten.* Eine stellvertretende Leitung benötigt administrative Fähigkeiten aus verschiedenen Gründen, da sie eine breite Palette an Aufgaben und Verantwortlichkeiten hat, die eine effektive Organisation und Verwaltung erfordern. Eine stellvertretende Leitung ist oft dafür verantwortlich, Informationen zu sammeln, zu dokumentieren, Listen zu erstellen und Berichte zu verfassen. Administrative Fähigkeiten helfen dabei, diese Aufgaben präzise und strukturiert zu erledigen.

  Als stellvertretende Leitung hat man viele Termine, Fristen und Aufgaben zu beachten. Administrative Fähigkeiten unterstützen dabei, den Überblick zu behalten und alles rechtzeitig zu erledigen.

  In manchen Einrichtungen wird die stellvertretende Leitung mit der Verwaltung des Budgets beauftragt. Administrative Fähigkeiten helfen dabei, die Finanzen in Rückkoppelung mit der Leitung zu überwachen, Ausgaben zu verwalten und Budgetpläne einzuhalten.

  Die stellvertretende Leitung ist oftmals auch in die Planung von Dienstplänen und die Bearbeitung von Urlaubsanträgen involviert. Administrative Fähigkeiten erleichtern diese Prozesse. Des Weiteren sind sie hilfreich und wichtig, um eine klare und professionelle Korrespondenz zu führen, sei es per Telefon oder schriftlich.

  In einer Kita kommen viele Daten und Informationen zusammen, die es zu erfassen, zu analysieren und zu nutzen gilt, um fundierte Entscheidungen zu treffen. Dabei muss die stellvertretende Leitung sicherstellen, dass die datenschutzrechtlichen Bestimmungen eingehalten werden und sensible

  Informationen sicher verwaltet werden. Administrative Fähigkeiten sind hierfür von großer Bedeutung.

  Insgesamt tragen demzufolge administrative Fähigkeiten dazu bei, dass die stellvertretende Leitung ihre Aufgaben und Verantwortlichkeiten effizient und strukturiert bewältigen kann. Sie ermöglichen eine gut organisierte und professionelle Führung der Kita, unterstützen die Teamarbeit und tragen zur erfolgreichen Umsetzung der Ziele der Einrichtung bei.

- *Resilienz und Gelassenheit.* Zur Bewältigung der komplexen Aufgaben als stellvertretende Leitung sind Ressourcen wie Resilienz und Gelassenheit äußerst hilfreich, da diese Kompetenzen eine wichtige Rolle spielen, um den Herausforderungen der Position erfolgreich zu begegnen. Als stellvertretende Leitung hat man es oft mit einem hohen Maß an Verantwortung, vielfältigen Aufgaben und anspruchsvollen Situationen zu tun. Resilienz hilft dabei, mit Stress umzugehen und auch in herausfordernden Momenten einen klaren Kopf zu bewahren.

  Komplexe Aufgaben erfordern oft Flexibilität und die Fähigkeit, sich auf wechselnde Anforderungen einzustellen. Gelassenheit ermöglicht es der stellvertretenden Leitung, sich auf unvorhergesehene Ereignisse einzustellen und angemessen zu reagieren.

  In einer leitenden Position sind Konflikte unvermeidbar. Gelassenheit unterstützt die stellvertretende Leitung dabei, Konflikte ruhig und konstruktiv zu lösen.

  Komplexe Aufgaben erfordern oft schnelle und fundierte Entscheidungen. Resilienz hilft der stellvertretenden Leitung dabei, auch unter Druck besonnen zu handeln und Entscheidungen zu treffen.

  Resilienz und Gelassenheit sind wichtige Eigenschaften, die das Team inspirieren und motivieren können. Eine stellvertretende Leitung, die in stressigen Situationen ruhig bleibt, zeigt dem Team, wie man Herausforderungen erfolgreich meistert.

  Resilienz und Gelassenheit tragen dazu bei, die psychische und physische Gesundheit der stellvertretenden Leitung zu erhalten.

  Eine stellvertretende Leitung, die resilient und gelassen ist, schafft eine positive Arbeitskultur, die von einem offenen Umgang mit Herausforderungen und einer lösungsorientierten Denkweise geprägt ist.

- *pädagogisches Wissen und Können.* Zu guter Letzt sollte auch pädagogisches Wissen und Können bei einer stellvertretenden Leitung vorhanden sein, da dies eine entscheidende Grundlage für eine erfolgreiche Leitungstätigkeit in einer Kita darstellt und dazu beiträgt, von der Leitung und dem Team auf fachlicher Ebene akzeptiert und ernst genommen zu werden.

Pädagogisches Wissen ermöglicht es der stellvertretenden Leitung beispielsweise, ein fundiertes Verständnis für die pädagogischen Konzepte, Methoden und Ansätze in der frühkindlichen Bildung zu haben. Dies ist entscheidend, um die Qualität der pädagogischen Arbeit in der Kita sicherzustellen.
Pädagogisches Können befähigt die stellvertretende Leitung, die Entwicklung der Kinder optimal zu unterstützen. Sie kann pädagogische Ansätze anwenden, die die individuellen Bedürfnisse und Stärken der Kinder berücksichtigen.
Pädagogisches Wissen hilft der stellvertretenden Leitung dabei, pädagogische Aktivitäten, Projekte und Programme zu planen, die auf die Bildungsziele der Kita ausgerichtet sind.
In der Zusammenarbeit mit Eltern trägt pädagogisches Wissen dazu bei, Eltern kompetent zu beraten und in Fragen der Kinderentwicklung und Bildung zu unterstützen.
Die stellvertretende Leitung muss das pädagogische Team unterstützen und bei Bedarf beraten. Pädagogisches Wissen und Können sind hierfür essenziell, um kompetente Unterstützung zu bieten. Insgesamt sind pädagogisches Wissen und Können unerlässlich für eine stellvertretende Leitung, um eine qualitativ hochwertige pädagogische Arbeit in der Kita zu gewährleisten, die Entwicklung der Kinder optimal zu fördern und eine positive Lernumgebung zu schaffen.

Das Vorhandensein der hier aufgeführten Kompetenzen bildet summa summarum eine starke Grundlage für eine erfolgreiche stellvertretende Leitungstätigkeit, die sowohl die Bedürfnisse und Erwartungen des Trägers, der Leitung, des Teams als auch die der Eltern und Kinder berücksichtigt.

Für die Position der stellvertretenden Leitung sind viele Kompetenzen erforderlich, die ein:e Rolleninhaber:in möglichst mitbringen oder im Laufe der Zeit entwickeln sollte.

2.7 Ausblick und Chance – von der Stellvertretung zur Leitung

Berücksichtigt man die ganzen Kompetenzen, die im vorausgegangenen Kapitel beleuchtet wurden, wird deutlich, warum die Position als stellvertretende Leitung durchaus als Sprungbrett in die Leitungsposition dienen kann.

Folgende Aufgaben und Kompetenzen eignen sich als Vorbereitung auf die Gesamtleitung einer Kindertagesstätte:

- *Erfahrungen in einer Führungsposition.* Die stellvertretende Leitung erhält die Möglichkeit, erste Erfahrungen in einer Führungsposition zu sammeln. Sie übernimmt Verantwortung, koordiniert das Team und unterstützt bei der Leitung des Kita-Betriebs. Diese Erfahrungen können wertvolle Kompetenzen und Einblicke in die Leitungsrolle vermitteln.
- *erster Einblick in Leitungsaufgaben.* Die stellvertretende Leitung arbeitet eng mit der Leitung zusammen und unterstützt diese bei ihren Aufgaben. Dadurch erhält sie einen Einblick in die Aufgaben und Verantwortlichkeiten einer Leitungskraft. Sie beobachtet, wie Entscheidungen getroffen werden, strategische Planungen durchgeführt werden und wie die Kita insgesamt geführt wird.
- *Entwicklung von Führungskompetenzen.* Die Position als stellvertretende Leitung bietet die Möglichkeit, Führungskompetenzen weiterzuentwickeln. Die stellvertretende Leitung lernt, ein Team zu führen, Konflikte zu lösen, Kommunikationsfähigkeiten zu verbessern und strategische Entscheidungen zu treffen. Diese Kompetenzen sind wertvoll für eine zukünftige Leitungsposition.
- *Vertrautheit mit der Kita.* Wenn die stellvertretende Leitung bereits einige Zeit in der Kita arbeitet, ist sie mit den Abläufen, den Strukturen und dem Team vertraut. Diese Vertrautheit kann von Vorteil sein, wenn die Person später innerhalb der eigenen Einrichtung in die Leitungsposition wechselt. Dann kennt sie bereits die Besonderheiten der Einrichtung und kann sich in der Regel schneller in die neue Rolle einfinden.
- *Netzwerkaufbau.* Durch die Zusammenarbeit mit der Leitung, dem Team, den Eltern und externen Partnern hat die stellvertretende Leitung die Möglichkeit, ein berufliches Netzwerk aufzubauen. Diese Kontakte zu anderen Fachkräften und Leitungskräften können dann in der neuen Position hilfreich sein.

Es ist wichtig, zu beachten, dass die Position als stellvertretende Leitung allein keine Garantie für eine spätere Leitungsposition ist. Weitere Qualifikationen, Weiterbildungen und Erfahrungen können erforderlich sein, um sich erfolgreich für eine Leitungsposition zu bewerben. Dennoch kann die Position als stellvertretende Leitung eine wertvolle Vorbereitung und ein Sprungbrett sein, um die eigenen Führungsambitionen in der Kita zu verwirklichen.

Die Position der stellvertretenden Leitung ist ein gutes Übungsfeld für eine spätere Leitungstätigkeit.

3 Praktische Entwicklung und Umsetzung einer Rolle – Hintergrundwissen und Methoden

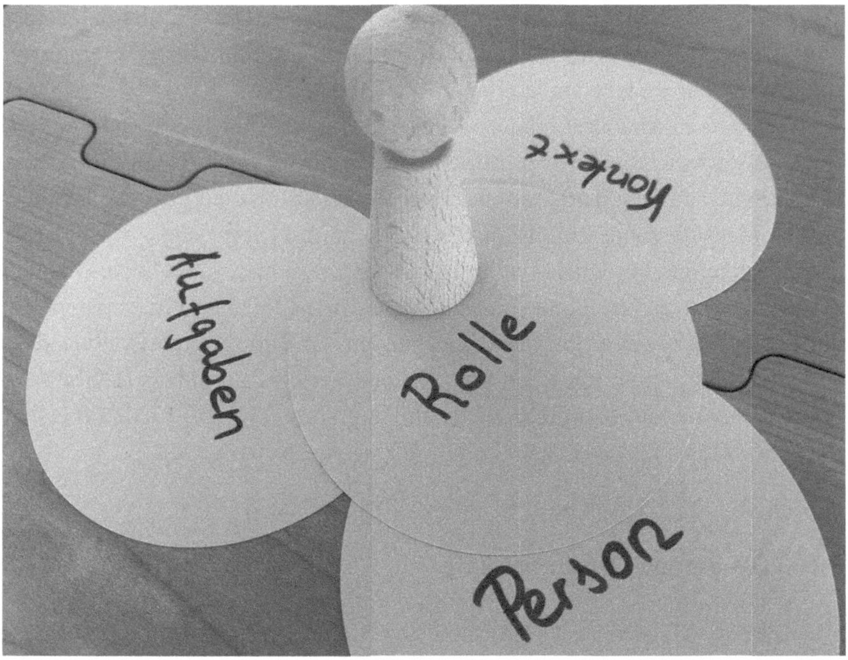

Abbildung 3: Rollenfindung

Die praktische Entwicklung und Umsetzung der Rolle als stellvertretende Leitung ist ein entscheidender Schritt in der beruflichen Weiterentwicklung einer pädagogischen Fachkraft. In den folgenden Kapiteln werden wir uns daher detaillierter mit den essenziellen Aspekten befassen, die für eine erfolgreiche Ausfüllung dieser verantwortungsvollen Position von Bedeutung sind. Von der Entwicklung persönlicher Fähigkeiten bis hin zur effektiven Zusammenarbeit mit Leitung und Teammitgliedern werden die zentralen Komponenten beleuchtet, die für eine kompetente und motivierende stellvertretende Leitung unabdingbar sind. Darüber hinaus werden praktische Strategien und Methoden vorgestellt, die es ermöglichen, die Herausforderungen dieses Rollenwechsels souverän zu meistern und somit einen wertvollen Beitrag zum Gelingen der Zusammenarbeit in der Einrichtung zu leisten. Ein zentraler Aspekt wird hierbei immer wieder die Selbstreflexion sein. Nur wer sich seiner Selbst bewusst ist, wird auch bewusst ihrem oder seinem Gegenüber begegnen können. Jeweils ein Kapitel wird sich mit der Zusammenarbeit von Stellvertretung und Leitung und der Ausgestaltung der Position im Team beschäftigen. Ergänzend gibt es Impulse und Anregungen für den täglichen Leitungsalltag rund um Teambesprechungen und Büroorganisation. Ein weiteres Kapitel beleuchtet den Umgang mit Schwierigkeiten und Konflikten. Abschließend beschäftigen wir uns mit der Bedeutsamkeit der Selbstführung.

Nachdem im vorausgegangenen Kapitel die Inhalte eher allgemein formuliert waren, spreche ich Sie ab jetzt immer dann direkt an, wenn ich Sie zur persönlichen Auseinandersetzung mit den verschiedenen Inhalten einlade.

Die Methoden und Impulse sind so gewählt und beschrieben, dass sie autodidaktisch und mit möglichst wenig Aufwand anwendbar sind. Hier und da gibt es ergänzende und vertiefende Materialien, die beim digitalen Zusatzmaterial zu finden sind. Dazu gibt es in den entsprechenden Kapiteln konkrete Querverweise.

Außerdem gibt an manchen Stellen einen Verweis auf die ein oder andere Podcastfolge meiner KitaTalks. Diese sind dann über einen QR-Code abrufbar, der Sie direkt zu der jeweiligen Folge auf YouTube führt.

3.1 Die eigene Persönlichkeit

Für jede pädagogische Fachkraft ist die Selbstreflexion ein zentraler Bestandteil ihres beruflichen Handelns und Seins. Es gibt mehrere Gründe, warum es für Sie als stellvertretende Leitung besonders wichtig ist, sich selbst zu reflektieren und Ihre Motivation, Ressourcen, Kompetenzen, Führungserfahrungen, Werte und Ziele zu kennen.

Die Selbstreflexion ermöglicht es Ihnen, sich Ihrer persönlichen Motivation bewusst zu werden, warum Sie stellvertretende Leitung geworden sind oder es werden wollen. Indem Sie Ihre intrinsischen Beweggründe verstehen, können Sie Ihre Arbeit zielgerichtet gestalten und eine langfristige Verbundenheit mit Ihrer Rolle entwickeln.

Selbstreflexion erlaubt es Ihnen, Ihre eigenen Stärken und Kompetenzen zu erkennen und zu nutzen. Indem Sie sich Ihrer Fähigkeiten bewusst sind, kön-

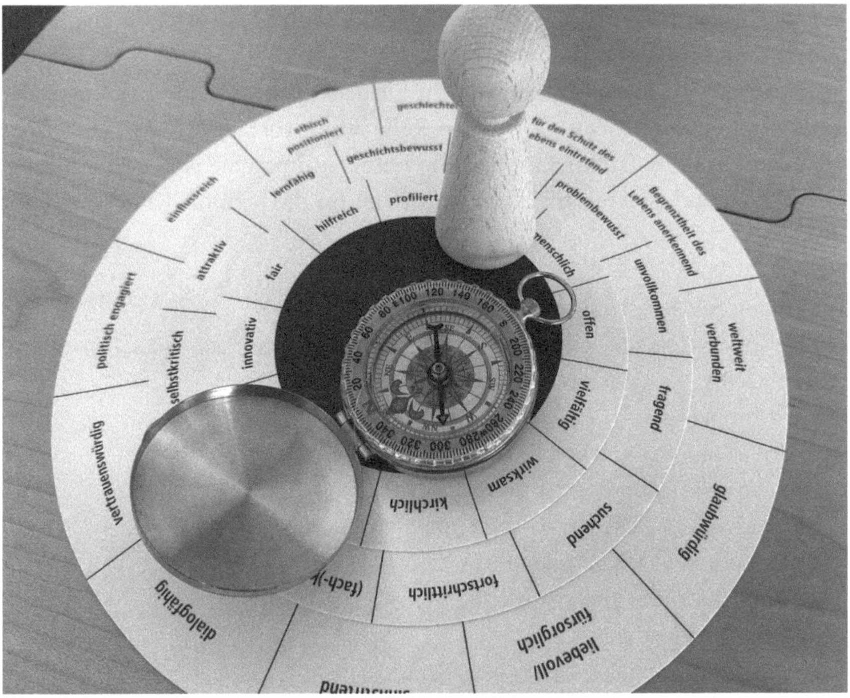

Abbildung 4: Die eigene Persönlichkeit

nen Sie diese gezielt einsetzen, um Herausforderungen zu bewältigen und das Team bestmöglich mitzunehmen und zu unterstützen. Durch die Reflexion vergangener Führungserfahrungen mit anderen Führungs- und Leitungskräften, sei es in der Kita oder anderen Bereichen, können Sie wertvolle Erkenntnisse gewinnen. Sie können hier von Erfolgen und Misserfolgen gleichermaßen lernen und diese Erfahrungen nutzen, um Ihre eigenen Führungskompetenzen zu definieren und zu stärken.

Als stellvertretende Leitung sollten Sie Ihre eigenen Werte und Ziele mit den Werten und Zielen der Kita in Einklang bringen. Die Selbstreflexion hilft Ihnen dabei, mögliche Diskrepanzen zu erkennen und Lösungen zu finden, um in der Zusammenarbeit mit dem Team und der Leitung authentisch zu handeln. Indem Sie sich selbst reflektieren, können Sie kontinuierlich an Ihrer persönlichen Entwicklung arbeiten. Dies führt zu einer verbesserten Selbstwahrnehmung, was sich positiv auf Ihre zwischenmenschlichen Beziehungen und Ihre Führungsqualitäten auswirkt. Wenn Sie Ihre eigenen Ziele und Werte kennen, ist es Ihnen möglich, diese in Ihre Führungsarbeit einzubringen. Das fördert eine authentische Führungsweise, die das Team motiviert und inspiriert.

Insgesamt ist die Selbstreflexion für Sie als stellvertretende Leitung in der Kita von zentraler Bedeutung, um Ihre Rolle verantwortungsbewusst und erfolgreich auszufüllen. Durch Ihre Selbstkenntnis können Sie sich gezielt weiterentwickeln und eine positiv gestaltende Kraft für das gesamte Kita-Team sein.

Fragen zur Selbstreflexion

Als stellvertretende Leitung ist es sinnvoll, wenn Sie sich von Anfang an mit sich selbst auseinandersetzen und reflektieren:

- Wer bin ich?
- Welche Erfahrungen bringe ich mit?
- Wo sehe ich meine Stärken?
- Auf welche Ressourcen und Kompetenzen kann ich zurückgreifen?
- Übernehme ich gern Verantwortung?
- Welche Werte sind mir wichtig?
- Bin ich teamfähig?
- Wie loyal bin ich meiner Leitung und meinem Team gegenüber?
- Stelle ich mich Konflikten?
- Treffe ich gern Entscheidungen?
- Wann komme ich an meine Grenzen?

Die Beantwortung all dieser Fragen trägt zu Ihrer Authentizität bei. Es ist für Sie hilfreich und wertvoll, zu wissen, wer Sie sind und warum Sie wie handeln. Mit diesem Bewusstsein ist es Ihnen möglich, Ihre Stärken angemessen zu nutzen. In der Zusammenarbeit mit Leitung und Team trägt das auch maßgeblich dazu bei, dass Sie glaubwürdig und transparent in Ihrem Fühlen, Denken und Handeln sind.

Die Selbstreflexion kann im stillen Kämmerlein mit Ihnen selbst, im kollegialen Austausch, im Rahmen von Weiterbildungen oder durch professionelle Coaches und Supervisor:innen stattfinden. Vielleicht haben Sie ja auch Lust, Ihre Erkenntnisse in irgendeiner Form zu dokumentieren. Dazu möchte ich Ihnen zwei Ideen vorstellen: das Schatz- und Ressourcenbüchlein oder alternativ das Stärken- und Ressourcenglas.

Das Schatz- und Ressourcenbüchlein

Abbildung 5: Schatzbuch- und Ressourcenbüchlein

Materialien:

- eine individuell gestaltete DIN-A5-Kladde oder Notizbuch,
- Stifte, Marker oder Farbstifte für die Gestaltung,
- Fotos, Bilder, Postkarten, Sprüchekarten.

Vorgehensweise:

Nehmen Sie eine DIN-A5-Kladde oder ein Notizbuch und gestalten Sie ein ansprechendes Deckblatt mit dem Titel »Schatz- und Ressourcenbüchlein«. Lassen Sie Ihrer Kreativität freien Lauf und gestalten Sie es ganz nach Ihrem Geschmack.

Reservieren Sie eventuell einige der vorderen Seiten für ein Inhaltsverzeichnis, in dem Sie die Themen und Kategorien notieren, die Sie in Ihrem Büchlein behandeln möchten. Diese Übersicht hilft Ihnen später, wichtige Informationen schnell zu finden.

Notieren Sie alle Antworten der in den folgenden Kapiteln gestellten Fragen, die für Sie persönlich wichtig erscheinen. Fügen Sie eventuell auch Erläuterungen hinzu, um die Zusammenhänge auch später noch zu verstehen. Reservieren Sie einige Seiten für inspirierende Zitate, Sprichwörter und Merksätze, die Sie im Laufe der Zeit gesammelt haben und noch sammeln. Diese können Ihnen als motivierende und erinnerungswürdige Ressourcen dienen. Halten Sie Ihre gewonnenen Erkenntnisse fest, sei es aus beruflichen Erfahrungen, persönlichen Entwicklungsschritten oder aus den Antworten auf Fragen. Notieren Sie, was Sie daraus gelernt haben und wie es Ihnen in Ihrer Rolle als stellvertretende Leitung helfen kann.

Achten Sie darauf, Ihr Schatz- und Ressourcenbüchlein regelmäßig zu pflegen und zu aktualisieren. Es kann Ihnen helfen, Ihre Gedanken zu ordnen sowie Erkenntnisse zu erinnern, und als Nachschlagewerk für Ihre stellvertretende Leitungsfunktion dienen. Seien Sie stolz auf Ihren selbstgestalteten Ressourcenschatz!

Das Stärken- und Ressourcenglas

Abbildung 6: Mein Stärken- und Ressourcenglas

Das »Stärken- und Ressourcenglas« ist eine weniger aufwendige Alternative zum Schatz- und Ressourcenbüchlein. Es bietet eine einfache und dennoch effektive Möglichkeit, Ihre Stärken, Ressourcen und positiven Erkenntnisse zu sammeln und zu visualisieren.

Materialien:

- ein großes Einmachglas oder ein transparenter Behälter,
- bunte Zettel oder kleine Kärtchen,
- Stifte oder Marker.

Vorgehensweise:

Nehmen Sie das Glas und schreiben »Stärken- und Ressourcenglas« darauf oder geben Sie ihm einen anderen inspirierenden Namen, der Sie motiviert.

Denken Sie über Ihre persönlichen Stärken nach, sei es in Ihrer beruflichen Rolle, Ihren Talenten oder Ihren sozialen Kompetenzen. Schreiben Sie jede Stärke auf einen eigenen Zettel oder eine Karte. Notieren Sie auf weiteren Zetteln oder Kärtchen wichtige Erkenntnisse, Zitate oder Ressourcen, die Ihnen im Laufe der Zeit durch die Bearbeitung der folgenden Kapitel begegnen und Sie beeindruckt oder inspiriert haben. Diese können aus Büchern, Artikeln, Gesprächen oder persönlichen Erfahrungen ergänzt und erweitert werden. Falten oder rollen Sie die Zettel zusammen und werfen Sie sie in das Glas. Sie können auch die Zettel in verschiedenen Farben gestalten, um zwischen Stärken und Erkenntnissen zu unterscheiden.

Nehmen Sie sich regelmäßig Zeit, um das Glas zu betrachten und die darin gesammelten Stärken und Ressourcen zu reflektieren und gegebenenfalls zu ergänzen. Es dient als visuelle Erinnerung an Ihre Potenziale und Fortschritte.

Der Vorteil des Stärken- und Ressourcenglases liegt in seiner Einfachheit und Flexibilität. Es erfordert keine aufwendige Strukturierung oder Organisation wie ein Büchlein, sondern ermöglicht es Ihnen, Ihre Stärken und Ressourcen spontan und unkompliziert zu sammeln. Außerdem kann das Glas leicht erweitert werden, wenn Sie neue Stärken und Erkenntnisse hinzufügen möchten. Es dient als kraftvolles Werkzeug, um sich selbst zu motivieren und an Ihre Potenziale zu erinnern, wann immer Sie es brauchen.

Motivation erkennen

Als Motivation wird im Allgemeinen die innere Antriebskraft bezeichnet, die das Verhalten und Handeln eines Individuums steuert. Sie entsteht durch Bedürfnisse, Ziele oder Wünsche, die es zu erreichen oder zu erfüllen gilt. Die Stärke der Motivation beeinflusst maßgeblich die Ausdauer, das Engagement und die Zielgerichtetheit einer Person bei der Verfolgung ihrer Ziele.

Im Einzelnen gibt es viele individuelle Gründe für eine pädagogische Fachkraft, den Schritt in die stellvertretende Leitung zu gehen, und vielleicht finden Sie sich in dem einen oder anderen der folgenden Punkte wieder:

- Die stellvertretende Leitung bietet Ihnen eine Möglichkeit, sich beruflich weiterzuentwickeln und zusätzliche Verantwortung zu übernehmen. Sie sehen hier eine Chance, Ihre Fähigkeiten auszubauen und sich auch persönlich weiterzuentwickeln.
- Als stellvertretende Leitung haben Sie mehr Einfluss auf die pädagogische Arbeit und können aktiv an der Gestaltung von Konzepten, Projekten und pädagogischen Angeboten mitwirken. Dies erscheint für Sie besonders reizvoll.
- Der Wechsel in die stellvertretende Leitung verspricht Ihnen eine neue Herausforderung, die Abwechslung und frische Impulse in Ihren Arbeitsalltag bringt.
- Sie interessieren sich für Teamführung und Teamentwicklung und haben Lust, dabei aktiv mitzuwirken.

Reflexion der eigenen Motivation
Warum sind Sie stellvertretende Leitung bzw. wollen es werden? Was ist Ihre konkrete Motivation?

Die Motivation, diese Position zu übernehmen, steht immer auch im Zusammenhang mit der entsprechenden Ausübungsform. Es resultieren große Unterschiede daraus, ob Sie als Abwesenheitsvertretung, Stellvertretung ohne Freistellung, Stellvertretung mit anteiliger Freistellung oder als ständig freigestellte Stellvertretung eingesetzt sind oder werden.

Die Wahl einer bestimmten Ausübungsform hängt unter anderem von den individuellen Umständen und Bedürfnissen der pädagogischen Fachkraft und von den gesetzlichen, tariflichen und trägerspezifischen Gegebenheiten ab.

Grad der Motivation
Finden Sie mit der folgenden Übung heraus, wie hoch Ihre Motivation ist, die stellvertretende Leitung zu sein bzw. diese Position zu übernehmen.

Wie motiviert sind Sie auf einer Skala von 1 (wenig motiviert) bis 10 (sehr motiviert) in Ihrer Position als stellvertretende Leitung? Oder: Wie motiviert gehen Sie an Ihre neue Aufgabe heran?

Inwieweit steht der Grad Ihrer Motivation in Korrelation zu Ihrer Zufriedenheit mit der Ausübungsform Ihrer Position?

Was müsste sich ändern, damit Sie die Stellvertretung gegebenenfalls motivierter ausüben?

Um die Motivationsgründe näher zu analysieren, ist es hilfreich, zwischen intrinsischer und extrinsischer Motivation zu unterscheiden. Die *intrinsische Motivation* bezieht sich auf den inneren Antrieb einer Person, eine Tätigkeit aus eigenem Interesse, Neugierde oder persönlichem Vergnügen auszuführen. Die Handlung selbst wird als befriedigend oder lohnend empfunden und externe Belohnungen sind nicht unbedingt notwendig, um die Motivation aufrechtzuerhalten.

Die *extrinsische Motivation* hingegen basiert auf äußeren Anreizen oder Belohnungen wie Geld, Anerkennung, Lob oder Strafen. Hier wird das Verhalten durch externe Faktoren angetrieben und die Ausführung einer Aufgabe erfolgt, um eine Belohnung zu erhalten oder negative Konsequenzen zu vermeiden.

Im Kern liegt der Unterschied darin, dass intrinsisch motivierte Handlungen aus der Freude am Tun selbst entstehen, während extrinsisch motivierte Handlungen durch externe Anreize beeinflusst werden. Eine intrinsische Motivation kann langfristig zu einer tieferen Befriedigung führen und intrinsisch motivierte Personen zeigen oft mehr Ausdauer und Kreativität bei der Bewältigung von Herausforderungen, da ihre Motivation aus ihrer inneren Haltung kommt. Extrinsische Motivation kann jedoch in vielen Situationen ebenfalls wirksam sein und als Unterstützung oder Ergänzung dienen, um bestimmte Verhaltensweisen zu fördern oder zu verstärken.

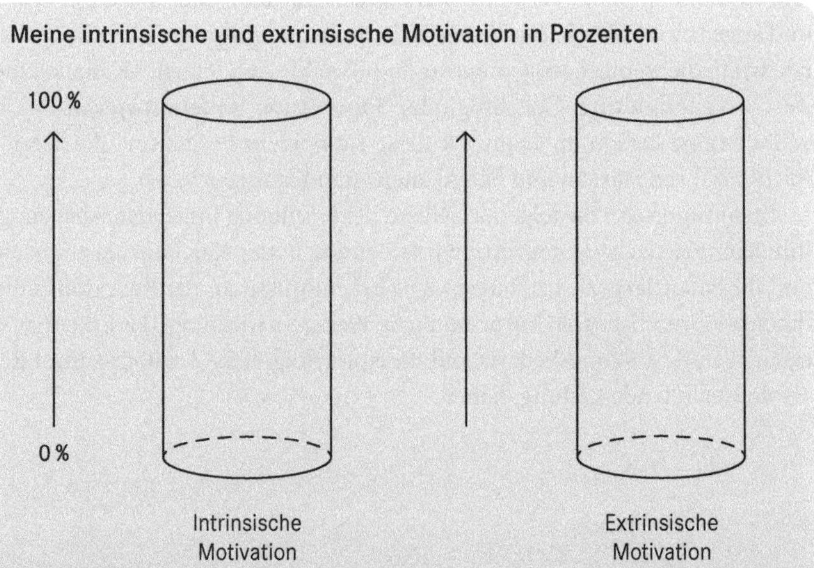

Abbildung 7: Säulendiagramm zur prozentualen Verteilung der intrinsischen und extrinsischen Motivation

Um den jeweiligen Grad Ihrer intrinsischen und extrinsischen Motivation zu erkennen, tragen Sie in der jeweiligen Säule der obigen Abbildung ein, zu wie viel Prozent Sie als stellvertretende Leitung intrinsisch bzw. extrinsisch motiviert sind. Die Abbildung finden Sie auch als Arbeitsblatt im Downloadmaterial.

Beantworten Sie anschließend folgende Fragen:

- Wie komme ich zu dieser Einschätzung?
- Bin ich mit dieser Verteilung zufrieden?
- Was möchte ich gern verändern?
- Wer oder was kann mich unterstützen, dies zu verändern?

Ressourcen und Kompetenzen entdecken

In Kapitel 2.6 wurden die erforderlichen Kompetenzen einer stellvertretenden Leitung bereits ausführlich aufgeführt und beschrieben. Bestimmt haben Sie beim Lesen immer wieder überprüft, auf welche Kompetenzen Sie bereits zurückgreifen können und welche noch ausbaufähig sind.

Zu Ihrer Beruhigung: Die wenigsten Stelleninhaber:innen werden all diese Kompetenzen bereits zu hundert Prozent in sich tragen. Das ist auch nicht zwangsläufig notwendig. Wichtig ist, dass Sie sich Ihrer vorhandenen Kompetenzen und den damit verbundenen Stärken bewusst sind und diese sinnvoll und angemessen für die Ausübung Ihrer Rolle und Aufgaben nutzen. Bei Kompetenzen, die weniger ausgeprägt sind, sollten Sie sich fragen: »Kann ich diese durch Weiterbildung, Coaching oder Supervision weiterentwickeln?« Und: »Gibt es eine Person im Team, die diese Kompetenz besitzt und die bereit ist, mich mit ihren Stärken und Fähigkeiten zu unterstützen?«

Ergänzend kann die folgende Selbstreflexionsübung Ihnen dabei helfen, sich Ihre Kompetenzen als stellvertretende Leitung in der Kita bewusst zu machen und Ihr Potenzial gezielt zu nutzen. Die Erkenntnisse aus der Reflexion können Ihnen als Grundlage für Ihre persönliche Weiterentwicklung, das Erkennen des eigenen Unterstützungsbedarfs und für eine erfolgreiche Ausübung Ihrer Rolle als stellvertretende Leitung dienen.

Meine Kompetenzen als stellvertretende Leitung in der Kita

Ziel: Selbstreflexion über die eigenen Ressourcen und Kompetenzen, die für eine erfolgreiche stellvertretende Leitung in einer Kita von Bedeutung sind.
Dauer: circa 20 bis 30 Minuten.
Materialien: Stifte, Papier.

Vorgehensweise:
Setzen Sie sich an einen ruhigen Ort, an dem Sie ungestört reflektieren können. Nehmen Sie Stift und Papier zur Hand.

- Stärkenidentifikation (10 Minuten):
  Denken Sie über Ihre Rolle als stellvertretende Leitung in der Kita nach. Reflektieren Sie Ihre bisherigen Erfahrungen, Fähigkeiten und Kenntnisse, die Ihnen bislang in Ihrer Rolle geholfen haben bzw. zukünftig helfen könnten.
  Im Downloadmaterial finden Sie zu Ihrer Unterstützung eine *Kompetenzliste* mit der Zusammenstellung der notwendigen Kompetenzen (z. B. Kommunikationsfähigkeit, Einfühlungsvermögen, organisatorisches Geschick, pädagogisches Wissen usw.) aus dem Kapitel 2.6.
  Notieren Sie nun zwei bis drei Kompetenzen, die Sie mitbringen und die Ihrer Meinung nach für eine erfolgreiche stellvertretende Leitung besonders wichtig sind.
- Reflexion und Entwicklung (8 Minuten):
  Gehen Sie jede einzelne Kompetenz durch und überlegen Sie, wie Sie diese weiterentwickeln und gezielt in Ihrer Rolle als stellvertretende Leitung einsetzen können.
  Stellen Sie sich dabei folgende Fragen:
  - Wie kann ich meine vorhandenen Kompetenzen besser nutzen, um die Leitung und das Team zu unterstützen?
  - Gibt es Möglichkeiten, meine vorhandenen Fähigkeiten noch zu verbessern?
  - Welche Fortbildungen benötige ich gegebenenfalls, um andere Kompetenzen zu erweitern?
- Abschluss (2 Minuten):
  Fassen Sie die Erkenntnisse Ihrer Selbstreflexion zusammen. Machen Sie sich bewusst, wie wichtig es ist, die eigenen Stärken zu erkennen und gezielt weiterzuentwickeln, um eine erfolgreiche stellvertretende Leitung zu sein.

Sich in der VUCA-Welt einfinden

Wir bewegen uns in einer aufregenden und sich ständig wandelnden Welt, der sogenannten VUCA-Welt. Dabei stehen die vier Buchstaben je für ein Wort: **V**olatility (Volatilität), **U**ncertainty (Unsicherheit), **C**omplexity (Komplexität), **A**mbiguity (Mehrdeutigkeit; vgl. The key-Academy, 2022).

Im Kontext einer Kita bezieht sich VUCA auf die besonderen Herausforderungen und Rahmenbedingungen, denen eine Kindertagesstätte in der modernen Welt gegenübersteht. Es beschreibt die sich ständig ändernden, schwankenden, unsicheren, komplexen und mehrdeutigen Bedingungen, mit denen sich pädagogische Fachkräfte, Leitungen und auch die Kinder und ihre Familien konfrontiert sehen und mit denen Sie sich auch als stellvertretende Leitung beschäftigen müssen.

Mit *Volatilität* sind die Kitas durch ständige Veränderungen und Entwicklungen konfrontiert. Gesellschaftliche Bedingungen, politische Entscheidungen, neue pädagogische Ansätze und sich ändernde Bedürfnisse der Kinder und Familien können zu unvorhersehbaren und schnellen Veränderungen führen. Sie als stellvertretende Leitung müssen sich kontinuierlich auf neue Situationen einstellen und flexibel agieren.

Es ist schwierig, in der heutigen Zeit genaue Vorhersagen über die Zukunft zu treffen. Die finanzielle Situation der Kita, die Verfügbarkeit von Fachpersonal, gesetzliche Bestimmungen und andere externe Faktoren können unsicher sein und eine klare Planung erschweren. Die ständige *Unsicherheit* erfordert von Ihnen als stellvertretende Leitung die Fähigkeit, sich anzupassen und alternative Lösungen zu finden.

Die Arbeit in einer Kita ist durch eine hohe *Komplexität* gekennzeichnet. Die Interaktion vieler verschiedener Faktoren – darunter die individuellen Bedürfnisse der Kinder, unterschiedliche familiäre Hintergründe, vielfältige pädagogische Ansätze und gesetzliche Anforderungen – macht die Entscheidungsfindung oft kompliziert. Sie als stellvertretende Leitung müssen in der Lage sein, diese Komplexität zu bewältigen und maßgeschneiderte Unterstützung für einzelne Situationen zu bieten.

Informationen und Situationen in einer Kita sind durch *Mehrdeutigkeit* gekennzeichnet. Sie als stellvertretende Leitung müssen nicht selten mit begrenzten Informationen arbeiten und schnelle Entscheidungen treffen. Es ist wichtig, dass Sie in solchen Situationen offen für verschiedene Perspektiven sind und bereit sind, flexibel zu handeln.

Die Bewältigung der VUCA-Herausforderungen erfordert gute Vorbereitung, hohe Flexibilität und Resilienz von Ihnen, damit Sie in der Lage sind, auf Veränderungen proaktiv zu reagieren. Eine offene Kommunikationskultur, kontinuierliches Lernen und die Fähigkeit, sich an die Bedürfnisse der Kinder und Familien anzupassen, sind entscheidend für eine Kita in der VUCA-Welt. Eine Grundhaltung von »Das haben wir schon immer so gemacht« ist wenig hilfreich und nicht zielführend. Zudem ist es wichtig, gemeinsam mit der Leitung eine positive und unterstützende Umgebung für die pädagogischen Fachkräfte zu schaffen, um deren Wohlbefinden und Motivation aufrechtzuerhalten.

Herausforderungen der VUCA-Welt

Finden Sie mit den folgenden Fragen heraus, inwieweit Sie sich den Anforderungen der VUCA-Welt gewachsen fühlen:

- Fühle ich mich den Herausforderungen der VUCA-Welt mit ihren ständigen Unwägbarkeiten, Mehrdeutigkeiten und Veränderungen gewachsen?
- Mag ich Veränderungen und gehe diese proaktiv an?
- Wann habe ich mich auch schon mal bei dem Gedanken oder der Aussage »Das hat sich bewährt« oder auch »Das haben wir schon immer so gemacht« ertappt?
- Mit welchen Herausforderungen war ich in der Vergangenheit konfrontiert?
- Konnte ich diese Herausforderungen meistern? Wer oder was war mir dabei hilfreich?
- Wann komme ich an meine Grenzen?
- Welche Auswirkung haben die Anforderungen der VUCA-Welt auf mich als stellvertretende Leitung?

Den eigenen Führungsstil entwickeln

Unabhängig davon, ob Sie bereits als stellvertretende Leitung tätig sind oder Sie es werden möchten – früher oder später stellt sich für jede:n die Frage, wie sie oder er die Führung übernehmen möchte, wenn die Leitung nicht da ist.

Dazu wollen wir uns zuerst die verschiedenen Führungsstile mit dem jeweiligen Für und Wider näher anschauen.

Die verschiedenen Führungsstile (nach Kurt Levin)

Der delegierende Führungsstil
Die Führungskraft gibt vor allem Aufgaben an die Mitarbeitenden weiter. Sie stellt im besten Fall alle Arbeitsmittel bereit, definiert ihre Zielvorstellungen und beschreibt, welche Arbeitsergebnisse am Ende vorliegen sollen. Der Rest liegt voll und ganz bei den Mitarbeitenden. Wie sie sich bei der Umsetzung der Aufgaben fühlen, interessiert die Führungskraft nicht. Sie möchte nur, dass es läuft und letztlich alles erledigt ist. Dabei haben die Mitarbeitenden freie Hand, die Aufgaben so zu verrichten, wie sie es möchten. Die Führungskraft beauftragt nur zu Beginn, was zu tun ist, und prüft zum Schluss die Erfüllung dieses Auftrags. Bei diesem Vorgehen gilt es, zu beachten, dass nicht alle Mitarbeitenden mit so viel Freiraum umgehen können oder wollen. Außerdem kann es durchaus passieren, dass mitten im Prozess ein Weg eingeschlagen wird, der nicht effizient oder wenig zielführend ist. Durch die geringe Involviertheit der Führungskraft fällt das im Zweifel erst dann auf, wenn der Prozess feststeckt oder sogar gänzlich gescheitert ist.

Der autoritäre Führungsstil
Dem gegenüber steht der autoritäre Führungsstil. Die Führungskraft behält die Hoheit über alle Ergebnisse, gibt den Prozess eindeutig vor und kontrolliert die Einhaltung der Vorgaben. Den Mitarbeitenden fehlt jegliches Mitspracherecht. Durch die klare hierarchische Trennung sind keine Absprachen zu treffen, keine Meinungen einzuholen und die Führungskraft trifft ihre Entscheidungen direkt ohne Rücksprache mit dem Team. Das erleichtert Entscheidungen, die unverzüglich zu treffen sind. Der Nachteil besteht darin, dass das Team sich nicht mit den Entscheidungen der Führungskraft identifiziert. Sie fühlen sich nicht einbezogen und sind es auch nicht. Den Mitarbeitenden fehlt jegliche Entscheidungsbefugnis, was dazu führt, dass sie keine Eigenverantwortung übernehmen und keinerlei selbständiges Handeln ausbilden. Dadurch gehen wesentliche Entwicklungspotenziale verloren, da es wenig bis keinen Raum für die tatsächlichen Stärken der einzelnen Teammitglieder gibt.

Der karitative Führungsstil
Bei diesem Stil kümmert sich die Führungskraft um das Wohl der einzelnen Mitarbeitenden. Deren Bedürfnisse stehen an oberster Stelle – sogar über den Aufgaben. Die Führungskraft ist ein:e gute:r Zuhörer:in und ermutigt das Team. Jede:r wird individuell gefördert und zu eigenverantwortlichem Handeln angeregt. Die Mitarbeitenden fühlen sich wertgeschätzt und stehen

voll hinter der Führungskraft. Es gibt viel Raum für die Weiterentwicklung des Teams. Im Idealfall wird jede:r eigenverantwortlich die übertragenen Aufgaben ziel- und fristgerecht erfüllen. Doch nicht selten leidet die Arbeit darunter, dass dem Mitarbeitendenwohl eine zu hohe Bedeutsamkeit zugemessen wird. So würde eine karitative Führungskraft einen Mitarbeitenden beispielsweise nach Hause schicken, weil diese:r schlecht geschlafen hat, auch wenn an diesem Tag beispielsweise noch die Bildungsdokumentation fertiggestellt werden müsste, da am nächsten Tag ein wichtiges Gespräch mit den Bindungspersonen ansteht.

Der kooperative Führungsstil
Hier kooperiert die Führungskraft mit den Mitarbeitenden. Genauer betrachtet bedeutet das, dass das Team sich an allen Entscheidungs- und Arbeitsprozessen aktiv beteiligen kann und soll. Eigenverantwortliches Handeln wird gefördert und auch gefordert. Die hierarchischen Ebenen sind flach, trotzdem behält die Führungskraft das letzte Wort und die Entscheidungsgewalt, falls es zu keiner Einigung kommt. Die Mitarbeitenden fühlen sich gehört, beteiligt und wertgeschätzt. Es herrscht eine hohe Motivation im Team. Die Führungskraft wird dadurch entlastet, dass sie nicht alle Entscheidungen allein treffen muss. Durch kontinuierliche Beteiligung der Mitarbeitenden an den unterschiedlichsten Arbeits- und Entscheidungsprozessen arbeiten viele Teammitglieder selbständig und eigenverantwortlich. Es besteht das Risiko, dass im Entscheidungsprozess zu viele Stimmen gehört werden und sich dadurch Entscheidungen in die Länge ziehen. Es kommt zu Verzögerungen und Blockierungen, wodurch sich ein Team in die Handlungsunfähigkeit manövrieren kann. Im Worst Case wird die Führungskraft als disziplinarische Kraft dann nicht mehr anerkannt und das Team damit führungslos.
(vgl. The key-Academy, 2022)

Nehmen Sie sich nun am besten einen Moment Zeit. Spüren Sie nach, auf welchen der Führungsstile Sie beim Lesen spontan positiv reagiert haben und wo sich ein innerer Widerstand geregt hat. Nicht selten haben diese spontanen Reaktionen viel mit unseren Vorerfahrungen zu tun. Im Laufe unseres Lebens – beruflich und privat – begegnen wir den unterschiedlichsten Führungspersönlichkeiten. Damit verknüpfen wir positive und auch negative Erfahrungen, die uns bewusst und unbewusst in unserer Vorstellung beeinflussen, was eine »gute« oder »schlechte« Führungskraft ausmacht. Bestimmt sind Ihnen auch stellvertretende Leitungen begegnet, bei denen Sie sagen: »So möchte ich auch gern sein.« Oder genau im Gegenteil: »Das würde ich niemals so machen.« Beide werden auf ihre Art und Weise für Sie zu Rollenvorbildern.

Um im Einzelnen für sich herauszufinden, wer Sie in Ihrer Rollenfindung hinsichtlich des Führungsstils eher positiv oder negativ beeinflusst hat, gibt es im Downloadmaterial ein *Arbeitsblatt zum Führungsstil.* Dort können Sie auf- und beschreiben, welche Personen Ihnen bislang als stellvertretende Leitungen begegnen sind, welchen Führungsstil Sie dort erlebt haben und inwieweit Sie diesen als förderlich oder hinderlich in der Position erlebt haben. Abschließend können Sie für sich herausfinden, welchen Führungsstil Sie als stellvertretende Leitung bevorzugen und warum Ihnen dieser förderlich erscheint.

Insgesamt betrachtet haben alle Führungsstile ihre Berechtigung, weil sie in unterschiedlichen Situationen, Umgebungen und im Kontakt mit verschiedenen Menschen angemessen sein können. Jeder Führungsstil hat seine eigenen Vor- und Nachteile und kann in bestimmten Kontexten erfolgreich sein.

In einer Kita arbeiten Menschen mit unterschiedlichen Persönlichkeiten, Fähigkeiten und Bedürfnissen. Einige Mitarbeitende benötigen möglicherweise eine engere Führung und klare Anweisungen, während andere sich besser in einer offeneren und kooperativen Umgebung entfalten können. Die Anforderungen an die Führung können sich je nach den Umständen ändern. In Krisenzeiten oder bei schnellen, unerwarteten Veränderungen kann eine autoritäre Führung möglicherweise effektiver sein, um klare Entscheidungen zu treffen und schnell zu handeln. In Zeiten der Stabilität und des Wachstums kann ein demokratischer Führungsstil bessere Ergebnisse liefern, da er die Mitarbeitenden einbezieht und ihre Ideen und Meinungen berücksichtigt.

Die Kultur und Werte einer Kita und der dahinter stehenden Trägerschaft können den bevorzugten Führungsstil beeinflussen. Ein Unternehmen, das Kreativität und Innovation fördert, könnte eher einen partizipativen Führungsstil bevorzugen. Manche Mitarbeiter:innen können von einem eher unterstützenden und fördernden Führungsstil profitieren, der ihre Stärken hervorhebt und ihr Wachstum fördert. Andere könnten sich besser entwickeln, wenn sie klare Anweisungen erhalten und in einem strukturierteren Umfeld arbeiten.

Die Dynamik innerhalb eines Teams kann die Wirksamkeit bestimmter Führungsstile beeinflussen. Wenn ein Team gut eingespielt ist und über eine starke Kommunikation verfügt, kann ein kooperativer Führungsstil besser funktionieren. In einem Team, das Schwierigkeiten hat, Entscheidungen zu treffen, kann wiederum ein autoritärer Führungsstil zielführender sein.

Letztendlich ist es wichtig, dass Führungskräfte flexibel sind und in der Lage, ihren Führungsstil an die jeweilige Situation und die Bedürfnisse der Mitarbeitenden anzupassen. Es gibt keine »Eine Größe passt für alle«-Lösung in der Führung und ein erfolgreicher Führungsstil kann von Fall zu Fall variieren.

KitaTalks auf YouTube zur Vertiefung

Gewaltfrei führen – die Führungskraft als wichtiges Vorbild
In diesem Podcast erklärt Barbara Leitner, was unter »Gewaltfreier Führung« zu verstehen ist. Die Folge lädt dazu ein, das eigene Führungsverhalten genauer unter die Lupe zu nehmen und zu reflektieren.
Dauer: 42:33 Minuten.

Und jetzt macht ihr alle das, was ich euch sage – von Macht und Führung
In der Praxis kommt die Kita-Leitung jedoch nicht darum herum, Entscheidungen ohne Rücksprache zu treffen und ihren Mitarbeitenden vorzugeben, was zu tun ist. Im Gespräch mit Führungskräftecoach Tanja Köster geht es um das Tabuthema Macht in der Führung.
Dauer: 24:38 Minuten.

Eigene Werte erkennen

Die klare Identifizierung und Kommunikation von Werten bilden das Fundament einer erfolgreichen Zusammenarbeit von stellvertretender Leitung, Leitung und Team.

Werte sind zunächst einmal allgemeine, kollektiv geteilte Vorstellungen darüber, was die Mitglieder einer Gesellschaft für wünschenswert erachten. Werte repräsentieren die Grundprinzipien, nach denen eine Organisation oder ein Team handelt. Sie dienen als moralischer Kompass und beeinflussen das Verhalten, die Entscheidungsfindung und die Kultur einer Einrichtung.

Wertearten

Persönliche Werte: alles das, was man an jemand anderem schätzt.
Materielle Werte: Geld, Macht und Eigentum.
Geistige Werte: Weisheit und Wissen.
Religiöse Werte: Glaube, Liebe, Hoffnung, Barmherzigkeit etc.
Sittliche Werte: Ehrlichkeit, Treue, Selbstlosigkeit, Achtsamkeit, Respekt etc.
(vgl. Franzke/Unterlinner, 2007)

Als stellvertretende Leitung sollten Sie sich bewusst mit den eigenen Werten auseinandersetzen und diese in Einklang mit den Werten ihrer Einrichtung bringen. Dies ermöglicht nicht nur eine authentische Führung, sondern fördert auch das Vertrauen der Teammitglieder und der Leitung in Ihre Person.

Die eigenen Werte reflektieren

Um sich intensiver mit den eigenen Werten zu beschäftigen, können Sie die folgenden Fragen beantworten:

- Welche Werte sind mir besonders wichtig? (s. Liste S. 53)
- Handelt es sich hierbei um eher beruflich ausgeprägte Werte oder privat gelebte Werte?
- Woran merke ich in meiner Rolle als stellvertretende Leitung, dass diese Werte für mich wichtig sind?
- Woran merken Leitung und/oder die Teammitglieder, dass mir diese Werte wichtig sind?
- Wann erlebe ich diese Werte in meiner Position als stellvertretende Leitung als unterstützend?
- In welchen Situationen kann der ein oder andere Wert auch hinderlich sein?
- Sind meine Werte im Einklang mit denen meines Trägers, der Leitung und der Teammitglieder?

Werte entstehen im Wesentlichen durch die Sozialisationsprozesse in der frühen Kindheit, sie werden von der Familie und anderen wichtigen Beziehungspersonen vorgelebt und vermittelt. Werte können sich im Verlauf der eigenen Lebensgeschichte in ihrer Bedeutsamkeit verändern.

Um die eigenen Werte nach außen hin authentisch vertreten zu können, ist es wichtig, diese von Zeit zu Zeit zu überprüfen. Nicht selten entstehen in Teams Konflikte durch das Aufeinandertreffen entgegengesetzter Werte. Hier lohnt es sich, verstärkt darauf zu schauen, worin Gemeinsamkeiten bestehen, anstatt sich an den Gegensätzen festzuhalten.

KitaTalks auf YouTube zur Vertiefung

Meine Werte, Deine Werte – Umgang mit Wertekonflikten

In diesem Podcast bin ich mit der Konflikttrainerin Martina Kohrn im Gespräch. Sie gibt viele Anregungen für den konstruktiven Umgang mit Wertekonflikten.

Dauer: 32:59 Minuten.

Werteliste
Achtsamkeit, Anerkennung, Authentizität, Autonomie, Bedürfnisorientierung, Bescheidenheit, Bildung, Bindung, Demokratie, Disziplin, Einfühlungsvermögen, Ehrlichkeit, Familie, Fairness, Freiheit, Freundschaft, Frieden, Gelassenheit, Gerechtigkeit, Glaube, Großzügigkeit, Herzlichkeit, Hilfsbereitschaft, Humor, Klarheit, Lebensfreude, Liebe, Loyalität, Mitgefühl, Mut, Nähe, Offenheit, Pünktlichkeit, Reflexionsbereitschaft, Respekt, Selbstständigkeit, Sicherheit, Spaß, Spielfreude, Toleranz, Transparenz, Treue, Unabhängigkeit, Verantwortung, Verbindlichkeit, Verlässlichkeit, Vertrauen, Verständnis, Wissen, Wohlwollen, Zielstrebigkeit, Zivilcourage, Zuwendung.

Eigene Ziele benennen

Unter einem Ziel ist im Allgemeinen ein klar formulierter Zustand oder ein spezifisches Ergebnis, den oder das eine Person oder ein Team erreichen möchte, zu verstehen. Es stellt eine gewünschte Richtung oder einen Zweck dar, die oder der angestrebt wird. Ein gut definiertes Ziel sollte spezifisch, messbar, erreichbar, relevant und zeitgebunden sein (vgl. SMART-Methode, S. 54). Es dient als Leitfaden, um Aktivitäten zu planen, Fortschritte zu verfolgen und den Erfolg zu bewerten.

Einer stellvertretenden Leitung, die sich ihrer Ziele bewusst ist, fällt es in der Regel viel leichter, sich innerhalb des Arbeitsprozesses zu positionieren und ihren Standpunkt gegenüber der Leitung oder den Teammitgliedern zu vertreten. Dabei gilt es zunächst, sich der persönlichen Ziele bewusst zu werden, wie beispielsweise die eigene Führungskompetenz zu erweitern, sich beruflich zu vernetzen, das Zeitmanagement zu verbessern, Projektaufgaben zu übernehmen oder ähnliches. Mit Blick auf die Zusammenarbeit ist es außerdem sehr wertvoll, herauszufinden, welche Ziele der stellvertretenden Leitung mit Blick auf die pädagogische Arbeit und Teamarbeit am Herzen liegen. Das kann sich dahingehend gestalten, dass sie im Rahmen ihrer Tätigkeit die pädagogische Qualität mit verbessern, die Teamarbeit stärken, Inklusion fördern und Konflikte lösen möchte.

In einem weiteren Schritt geht es darum, gemeinsam mit der Leitung und dem Team Ziele für die gemeinsame pädagogische Arbeit zu entwickeln. Die Kunst der Zielfindung erfordert Präzision, Realismus und Ausgewogenheit. Stellvertretende Leitungen sollten sich daher mit der SMART-Methode vertraut machen. Klar formulierte und gemeinsam erarbeitete Ziele schaffen Klarheit für alle Beteiligten.

Die SMART-Methode

Spezifisch Formulieren Sie Ihre Ziele so konkret und eindeutig wie möglich. Überlegen Sie sich möglichst ganz genau:
Was möchte ich in der pädagogischen Arbeit erreichen und bewirken? Wie lässt sich dieses Ziel beschreiben? Was ist mir in der Zusammenarbeit mit Leitung und Teammitgliedern wichtig?

Messbar Machen Sie Angaben über Aufwand und Umfang der einzelnen Ziele, z. B.: In welcher Regelmäßigkeit ist das Ziel zu erfüllen? Wie viel Zeit sollte es in Anspruch nehmen?

Attraktiv Damit ist gemeint, dass Sie möglichst Lust und Freude an dem Ziel haben sollten oder zumindest der Nutzen für Sie erkennbar ist.

Realistisch Ihre Ziele sollten Ihren persönlichen und fachlichen Kompetenzen entsprechen und in einem angemessenen zeitlichen, räumlichen und ggf. finanziellen Rahmen erfüllbar sein. Überprüfen Sie Ihren eigenen Anspruch gut.

Terminiert Dies beinhaltet die zeitliche Vorgabe bzw. Vereinbarung, bis wann Sie das Ziel erreichen möchten.

(vgl. Haller, 2005, Karte 5.4)

Die eigene Persönlichkeit weiterentwickeln

Nachdem Sie sich in den vorausgegangenen Kapiteln intensiv mit den verschiedenen Anteilen Ihrer Motivation, Ihren Kompetenzen, Ihrem bevorzugten Führungsstil, Ihren Werten und Zielen beschäftigt haben, ist es wertvoll, die Erkenntnisse zusammenzuführen.

Das bin Ich

Falls Sie ein Schatzbüchlein oder ein Stärken- und Ressourcenglas (siehe S. 39–41) angelegt haben, durchstöbern Sie Ihre Notizen und Aufzeichnungen.

Dann nehmen Sie sich ein großes Flip-Chart-Papier und malen eine Figur in die Mitte.

Beantworten Sie die Frage: Wer bin ich beziehungsweise will ich als stellvertretende Leitung sein?

Füllen Sie das Bild mit Stichworten und Symbolen, die Ihre Motivation, Kompetenzen, Eigenschaften, Werte und

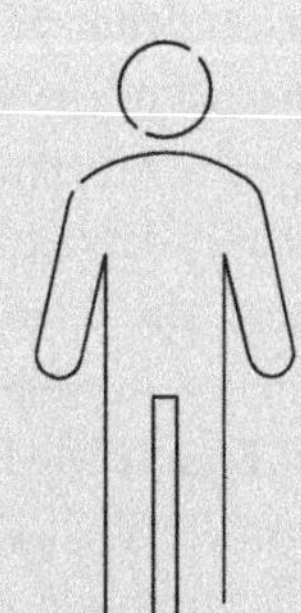

Abbildung 8: Das bin ich!

Ziele zum Ausdruck bringen. Nehmen Sie sich Zeit und lassen Sie das Bild langsam entstehen.

Wenn Sie fertig sind, betrachten Sie Ihr Werk: Wie fühlt es sich an, dieses Bild zu sehen? Was löst es in Ihnen aus? Womit sind Sie zufrieden? Was löst eventuell Unzufriedenheit aus? Was bedeutet das für Ihren weiteren Weg? Was brauchen Sie, um sich in der Position wohlfühlen zu können? Welche Fortbildungen wären vielleicht noch hilfreich?

Mit den Erkenntnissen aus dieser Reflexion können Sie Ihre persönliche Weiterentwicklung planen und angehen. Sie kann auch als Ausgangspunkt dienen, um gemeinsam mit der Leitung oder dem Träger zu überlegen, welche Unterstützung Sie für Ihre Position als stellvertretende Leitung noch benötigen und erhalten können.

3.2 Einen guten Start in die Position gestalten

Abbildung 9: Einen guten Start als Stellvertretung!

Unabhängig von der Ausübungsform der stellvertretenden Leitung (siehe Kapitel 2.2), sollte der:die zukünftige Stelleninhaber:in möglichst gut in die Position und ihren Aufgaben begleitet und eingearbeitet werden.

Einstieg

Der *Einstieg in die Position* als Stellvertretung findet in der Regel auf drei unterschiedlichen Wegen statt (vgl. Sauer, 2017).

Im besten Falle wurde die Stelle im Vorhinein ausgeschrieben, sodass sich intern oder extern Interessent:innen bewerben konnten. Dies eröffnet auch den Raum, dass interne Mitarbeitende gezielt angesprochen werden, ob sie sich vorstellen können, diese Position zu übernehmen. Wenn eine *Stellvertretung offiziell gesucht bzw. angesprochen* wird, wird dies in der Regel auch öffentlich kommuniziert. Dadurch ist von vornherein deutlich, dass diese Person ab Zeitpunkt X die Stellvertretung übernehmen wird.

Insbesondere in Einrichtungen mit ungeklärter Vertretungssituation kann es zu sogenannten *Notfallaushilfen* kommen. Im Falle langfristiger Ausfälle der Leitung durch plötzliche Erkrankungen oder plötzliches Ausscheiden aus der Einrichtung, bekommt eine Person von heute auf morgen den Auftrag, ab sofort alle Belange der Einrichtung zu regeln und die Führung zumindest auf bestimmte oder unbestimmte Zeit zu übernehmen.

Gerade in flachen Hierarchien kann es zu einer sogenannten *schleichenden Beauftragung* der Stellvertretung kommen. Das beinhaltet, dass offiziell nicht darüber gesprochen wird, dass ein:e bestimmte:r Mitarbeiter:in die Aufgaben der oder des Stellvertretenden übernimmt. Die Person selbst bekommt es auch nicht konkret gesagt, merkt es jedoch daran, dass ihr ganz allmählich die Aufgaben übertragen werden.

Mein Einstieg in die Position der Stellvertretung
Wenn Sie an Ihren Einstieg denken: Wie sind Sie zu der Position als Stellvertretung gekommen? Haben Sie sich offiziell beworben? Wurden Sie gefragt und offiziell eingeführt? Mussten Sie aus einem Notfall heraus die Aufgaben von heute auf morgen übernehmen? Oder wurden Sie schleichend beauftragt?

Wie haben Sie Ihren Einstieg erlebt? Was würden Sie beim nächsten Mal anders machen?

Einarbeitungsphase

An den jeweiligen Einstieg schließt sich dann die Einarbeitungsphase an, die sich mehr oder weniger geordnet oder auch chaotisch gestalten kann.

Für eine möglichst gut gestaltete Einarbeitungsphase, vor allem, wenn der Zeitpunkt der Arbeitsaufnahme geplant und absehbar ist, sollten mit Arbeitsbeginn circa ein bis sechs Monate eingeplant werden. Der Zeitraum ist auch abhängig davon, welche Erfahrungen der:die Stellvertreter:in hinsichtlich der Position bereits mitbringt bzw. inwieweit er oder sie bereits mit den Abläufen der Einrichtung vertraut ist. Empfehlenswert ist, dass der Einrichtung bereits ein Einarbeitungskonzept vorliegt, in dem festgehalten ist, welche Arbeitsbereiche wichtig für die Stellvertretung sind und in welcher Zeitabfolge und von wem, der:die neue Stelleninhaber:in darin eingearbeitet wird. Je nach Aufgabengebiet können hier die Leitung oder auch einzelne Verwaltungsfachkräfte des Trägers die jeweilige Zuständigkeit übernehmen. In dieser Einarbeitungsphase sollte der Stellvertretung zugestanden werden, jederzeit nachzufragen. Ein konstruktiver Umgang mit Fehlern ist auf jeden Fall wünschenswert.

Eine solche Einarbeitungsphase ist bei einer *Notaushilfe* selten bis gar nicht gewährleistet. Die Stellvertretung ist dann von heute auf morgen damit konfrontiert, auf sie zukommende Probleme nach bestem Wissen und Gewissen zu lösen und Entscheidungen zu treffen. Beherztes Anpacken und Reagieren sind erforderlich. Empfehlenswert ist, dass die Stellvertretung in dieser Situation möglichst zeitnah ein Klärungsgespräch mit der nächst höheren Ebene, zum Beispiel der Fachberatung, Bereichsleitung, Verbundleitung oder Geschäftsführung, sucht und sich die erforderliche Unterstützung und Rückendeckung einfordert. Wichtig ist, möglichst verbindlich herauszufinden, welcher Spielraum der Stellvertretung zugestanden wird, wo ihre Befugnisse aufhören und wer die wichtigsten Ansprechpartner:innen sind.

Bei der *schleichenden Beauftragung* fehlt die offizielle Einarbeitungsphase. Im besten Falle haben sich vorher bereits viele informelle Situationen ergeben, in denen sich die Stellvertretung in die wichtigsten Abläufe einarbeiten konnte. Auch das Team hat sich bereits daran gewöhnt, dass beispielsweise immer die gleiche Person die Dienstbesprechung in Abwesenheit der Leitung übernimmt. Wird der schleichend beauftragten Stellvertretung entsprechend Akzeptanz vom Team entgegengebracht, hat diese schleichende Beauftragung im plötzlichen Vertretungsfall einen klaren Vorteil der Notfallaushilfe gegenüber, da sie mit den Abläufen bereits vertraut und damit handlungsfähig ist.

Die beobachtende Stellvertretung in der Einarbeitungszeit
In der Einarbeitung nimmt sich die Stellvertretung zunächst zurück und beobachtet. Sie orientiert sich im neuen Arbeitsfeld, versucht alles kennenzulernen, stellt Fragen und übernimmt Stück für Stück Verantwortung. In der Anfangszeit erweist es sich als kontraproduktiv, von Beginn an zu forsch aufzutreten und überstürzt notwendige Veränderungen anzuregen (vgl. Sauer, 2017).

Auf der Grundlage einer mehr oder weniger umfangreichen Einarbeitung schließt sich dann ein Klärungsgespräch mit der Leitung an, in dem der konkrete Handlungsrahmen und die Befugnisse der Stellvertretung geklärt werden.

Klärungsphase

Die Stellvertretung steht nicht selten zwischen Team und Leitung. Einerseits ist sie Teil des Teams und gleichzeitig Teil der Führungsebene. Da ist es nicht immer ganz einfach, sich zwischen den unterschiedlichen Ansprüchen und Erwartungen der beiden Seiten zurechtzufinden und sich selbst zu positionieren. Hierzu sind Klärungsgespräche mit der Leitung und gegebenenfalls mit dem Team wichtig und hilfreich.

Diese Klärungsphase sollte auf jeden Fall unabhängig davon stattfinden, ob die Stellvertretung aus dem Team kommt oder von außen. So oder so gilt es, den eigenen Platz neu zu finden und die eigene Rolle auszuhandeln.

Nur in den seltensten Fällen erübrigt sich diese Klärungsphase. Beispielsweise dann, wenn Leitung, stellvertretende Leitung und Team sich von Anfang an ohne viele Worte gut verstehen und am gleichen Strang ziehen. Oftmals wird diese Phase jedoch eher übersprungen und es kommt zu einem späteren Zeitpunkt zu Konflikten, die durch einen vorausgegangenen Klärungsprozess vermeidbar gewesen wären.

Wie dieses Klärungsgespräch vorbereitet und wie der formelle bzw. informelle Handlungsspielraum geklärt werden können, erfahren Sie in Kapitel 3.3.

Alltag

Wenn Sie diese ersten drei Phasen von Einstieg, Einarbeitung und Klärung durchlaufen haben, haben Sie einen Meilenstein geschafft. Wenn alles gut und zu Ihrer Zufriedenheit verlaufen ist, dann werden Sie sich nun voll und ganz der Erfüllung Ihrer Rolle und Aufgaben widmen können. Hier und da wird es möglicherweise noch einmal zu Nachverhandlungen kommen, was Ihnen dann jedoch auch nicht allzu große Sorgen bereiten muss.

Sollten Sie nicht zu einer zufriedenstellenden Klärung gekommen sein und sich unwohl damit fühlen, dann überlegen Sie gut, ob Sie das trotzdem so annehmen können, ob Sie noch Chancen sehen, es nach und nach zu ändern, oder ob es besser ist, sich nach einem neuen Wirkungsfeld in einer anderen Einrichtung umzuschauen.

3.3 Die Zusammenarbeit mit der Leitung gestalten

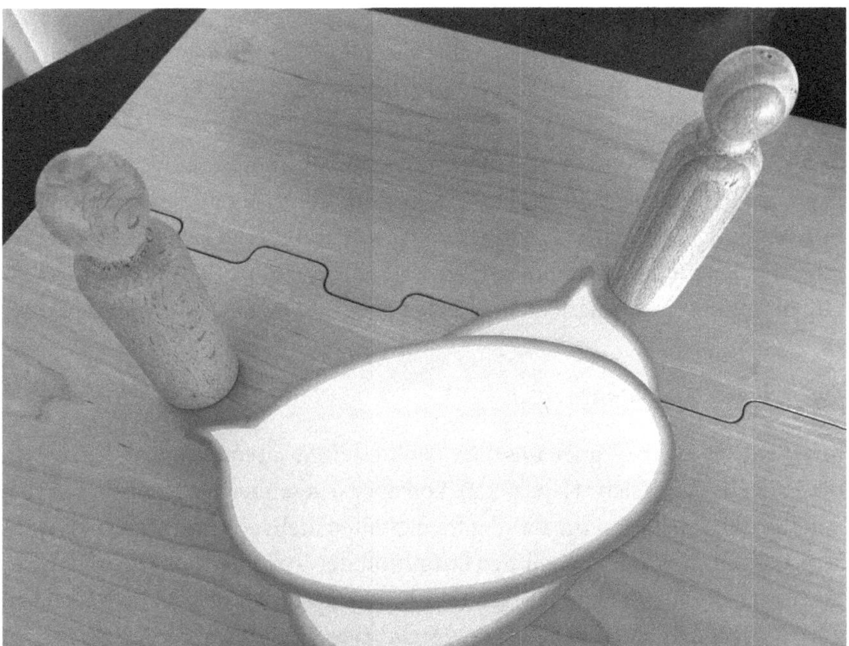

Abbildung 10: Zusammenarbeit mit der Leitung

Eine Stellvertretung arbeitet nicht selten ohne konkrete Aufgaben- oder Stellenbeschreibung. Trotzdem wird von ihr erwartet, die Leitung zumindest in Abwesenheit, manchmal auch dauerhaft zu vertreten und sie loyal zu unterstützen.

Wenn in einem Team niemand offiziell den Titel der Stellvertretung trägt, ergibt es sich spätestens im Abwesenheitsfall der Leitung, dass ein:e oder mehrere Mitarbeiter:innen in deren Rolle schlüpfen müssen. In der Praxis kann es dann dazu kommen, dass von Personen Leitungsaufgaben übernommen und Entscheidungen getroffen werden, die damit überfordert sind. Ohne eine offiziell benannte und zuständige Stellvertretung können sich dann die Abläufe verlangsamen und notwendige Entscheidungen ausbleiben. Schlimmstenfalls ist das Team handlungsunfähig, bis die Leitung wieder da ist.

Um daraus resultierende Reibungspunkte und Konflikte möglichst zu vermeiden, ist die klare Bestimmung der zuständigen Person und eine eindeutige Definition der Rolle und der Arbeitsteilung mit der Leitung unumgänglich (vgl. Mannhard, 2021).

Mit dieser klaren Rollendefinition und Aufgabenverteilung ist die Stellvertretung mehr als ein:e Platzhalter:in in Abwesenheit der Leitung. Im Idealfall bilden Leitung und stellvertretende Leitung ein Tandem. Die Stellvertretung übernimmt dann dauerhaft Mitverantwortung, denkt mit und teilt sich mit der Leitung anstehende Aufgaben stärkenorientiert untereinander auf. Gemeinsam agieren sie transparent dem Team gegenüber.

Verantwortungsvolle Trägerschaften erkennen in diesem Zusammenhang, dass dafür ein eigener Freistellungsanteil erforderlich ist, und schaffen die dafür notwendigen Rahmenbedingungen. Dazu gehören eine konkrete Stellenbeschreibung, eine geregelte und strukturierte Einarbeitung, Zeit für Planung und Organisation im Leitungsteam und eine angemessene Bezahlung der Leistung.

Zuständigkeiten klären

In der Kita-Praxis begegnen uns die vielfältigsten Ausübungsformen der stellvertretenden Leitung (siehe Kapitel 2.2). Von der Abwesenheitsvertretung über eine anteilig freigestellte bis zur ständig freigestellten Stellvertretung. Daraus ergibt sich, dass es eine allgemeingültige Definition der Rolle und Aufgabe nicht gibt und die Position sehr abhängig von der einzelnen Einrichtung ist. Im besten Fall gibt es trägerseits eine entsprechende Stellenbeschreibung, die einen wichtigen Ausgangspunkt für die Zusammenarbeit von Leitung und Stellvertretung bildet.

Um die expliziten Erwartungen, Aufgaben und Zuständigkeiten zu klären, ist es sinnvoll, nach einer angemessenen Einstiegs- und Einarbeitungsphase ein Klärungsgespräch zwischen Leitung und Stellvertretung anzustreben. Hier gilt es, zunächst den formellen Rahmen für Zuständigkeiten und Handlungsspielraum zu verhandeln.

Klärung der eigenen Erwartungen an die Zusammenarbeit

Bevor Sie nun als Stellvertretung das Klärungsgespräch mit Leitung und Team suchen, müssen Sie selbst herausfinden, was sie wollen.

Fragen zur eigenen Vorklärung

Beantworten Sie folgende Fragen:

Was habe ich in der Einarbeitungsphase (im Team, mit der Leitung, in der Pädagogik etc.) beobachtet? Was konnte ich über die unterschiedlichsten Abläufe kennenlernen? Was fiel mir leicht? Was konnte ich dazulernen? Was bereitet mir Unbehagen? Wo fehlen mir noch Informationen? Welche Ideen habe ich? Welche Veränderungen erachte ich als sinnvoll?

Wie gestaltet sich meine Zusammenarbeit mit der Leitung? Wie umfangreich informiert mich die Leitung über die Vorgaben, Prozesse und Entscheidungen auf Führungsebene? Welche Erwartungen hat die Leitung an mich? Wie und auf welcher Ebene findet unser Austausch statt? Können wir uns neben dienstlichen Angelegenheiten auch mal auf persönlicher Ebene austauschen? Was wünsche ich mir von unserer Zusammenarbeit? Was kann und möchte ich in diese Zusammenarbeit einbringen?

Nehmen Sie sich möglichst ausreichend Zeit für Ihren eigenen Klärungsprozess und gehen Sie dann gut vorbereitet in ein konkretes Klärungsgespräch mit der Leitung.

Den formellen Spielraum klären

Neben den eigenen Erwartungen und Vorstellungen hinsichtlich der Zuständigkeits- und Aufgabenverteilung zwischen Stellvertretung und Leitung gilt es, einen gewissen formellen Spielraum, der einer Stellvertretung von der Leitung zugestanden wird, abzuklären.

Nach Sauer (2017) gibt es fünf Ausbaustufen, die diesen formellen Spielraum beschreiben.

1. *Stellvertretung ohne Benennung und Befugnis:* Hier gibt es keine offizielle Benennung und konkrete Aufgaben sind nicht zugewiesen. Diese Stellvertretung hat den Auftrag, »ein Auge auf alles zu haben«, wenn die Leitung nicht da ist. Die Leitung wiederum kümmert sich auch in der eigenen Abwesenheit, indem sie regelmäßig anruft oder schreibt, um Anweisungen zu geben. Die inoffizielle Stellvertretung ist dann lediglich Sprachrohr und Ausführende ohne jegliche eigene Befugnis.
2. *Stellvertretung ohne klare Befugnis:* Diese Stellvertretung hat zwar eine offizielle Benennung, weiß aber nicht um ihren konkreten Handlungs- und Entscheidungsrahmen. Sie fragt häufig bei der Leitung nach, um sich rückzuversichern. Trifft sie eine Entscheidung, kann es sein, dass die Leitung diese wieder rückgängig macht.

3. *Stellvertretung in Abwesenheit:* In diesem Fall ist die Stellvertretung immer dann zuständig, wenn die Leitung für einen längeren Zeitraum aufgrund von Urlaub oder Krankheit ausfällt. Der Handlungsrahmen wurde im Vorfeld klar festgelegt und idealerweise schriftlich festgehalten.
4. *Stellvertretung bei Verhinderung:* Immer wenn die Leitung verhindert und nicht greifbar ist, übernimmt diese Stellvertretung die Leitungsaufgabe. Sie beschäftigt sich mit allen anstehenden Problemen und Fragen und hat einen großen Entscheidungsspielraum. Bei besonders schwerwiegenden Problemen, die aufschiebbar sind, hält sie möglichst zeitnah Rücksprache mit der Leitung.
5. *Arbeitsteilige Stellvertretung:* In diesem Fall arbeiten Stellvertretung und Leitung in einem Tandem. Sie agieren als Leitungsteam, bei dem die Leitung sich im Einzelfall das letzte Wort vorbehält. Entscheidungen werden in der Regel gemeinsam getroffen. Die Mitarbeitenden können sich jederzeit mit ihren Anliegen an beide wenden. Nach außen entsteht der Eindruck, dass beide in großer Nähe und Einvernehmlichkeit *zueinanderstehen.* Konflikte und Differenzen werden untereinander geklärt.

Erkennen des formellen Handlungsrahmens
Nehmen Sie sich einen Moment Zeit und überlegen Sie, in welcher der fünf Stufen Sie sich aktuell als Stellvertretung befinden, und beantworten Sie dann folgende Fragen:
- Bin ich zufrieden mit diesem aktuellen formellen Handlungsrahmen? Passt er für mich dazu, was ich leisten kann und will?
- Passt dieser Handlungsspielrahmen zu den an mich gestellten Anforderungen?
- Welcher Handlungsrahmen erscheint mir für meine Position als Stellvertretung angemessener?
- Was kann ich tun, um den bisherigen Handlungsrahmen zu verändern?

Sollte sich durch die vorausgegangene Reflexion ergeben haben, dass Sie mit dem Ihnen bislang zugestandenen Handlungsrahmen nicht zufrieden sind bzw. dieser nicht zu den an sie gestellten Anforderungen passt, gibt es folgende Möglichkeiten:
- Sie versuchen mit der Leitung sachlich einen veränderten Handlungsspielraum auszuhandeln.
- Sie verändern den Handlungsrahmen Schritt für Schritt und beobachten, wie Ihre Leitung darauf reagiert.

Wenn sich langfristig nichts verändert und ihre Leitung signalisiert, dass sie diesen veränderten Spielraum nicht zugestehen will, sollten Sie sich gut überlegen, ob Sie den Status quo weiter stützen oder sich nach einem neuen Betätigungsfeld umschauen.

Den informellen Spielraum erkennen

Neben einem formellen Handlungsrahmens gibt es auch immer einen informellen. Während der formelle Handlungsrahmen sich vor allem danach richtet, was zwischen Stellvertretung und Leitung festgelegt und dem Team kommuniziert wurde, handelt es sich bei dem informellen Rahmen eher um die nicht ausgesprochenen und unterschwelligen Phänomene, die zu beobachten sind.

Auch hier unterscheidet Sauer (2017) fünf Stufen:

- *Der:Die Titelträger:in* trifft Entscheidungen und niemand hält sich daran. Die Rolle dieser Person und der damit verbundene Spielraum sind völlig ungeklärt. Ursache für die fehlende Akzeptanz kann in der Inkompetenz der Stellvertretung, in der Dominanz der Leitung oder auch in der Unachtsamkeit der Leitung liegen. Alle Beteiligten sind zunehmend genervt und die Zusammenarbeit gestaltet sich anstrengend.
- *Der:Die Chefvertreter:in* handelt ausschließlich in der Abwesenheit der Leitung und kümmert sich um alles Notwendige. Sobald die Leitung wieder im Haus ist, gliedert sich die Person wieder in das Team ein. Die Person genießt in der Regel die Akzeptanz von Team und Leitung.
- *Die zweite Person* im Haus wird von der Leitung dauerhaft über alles Wichtige informiert und steht im engen Dialog mit dem Team. Die konkreten Leitungsaufgaben übernimmt diese Person nur in der Abwesenheit der Leitung.
- *Die Co-Leitung* ist eine starke und von allen Seiten akzeptierte Position. Diese Stellvertretung ist gut informiert und wird an wichtigen Terminen und Entscheidungen beteiligt. Alles wird gemeinsam besprochen. Stellvertretung und Leitung ziehen an einem Strang. Die Stellvertretung übernimmt in der Regel eigene Leitungsprojekte wie beispielsweise die Dienstplangestaltung, Abrechnung der Stundenzettel, Anmeldungsverwaltung etc.
- *Die graue Eminenz* wird auch als heimliche Leitung bezeichnet. In diesem Fall ist die Stellvertretung stärker als die Leitung. Diese Person hat eine große Macht im Team und lenkt so die Geschicke des Teams an der Leitung vorbei. Die Ursachen hierfür sind oftmals vielfältig: Das kann die tatsächliche Inkompetenz der Leitung sein, ein vorausgegangenes Führungsvakuum, wo sich die Stellvertretung etabliert und gefestigt hat, oder auch eine geschickte Machtpolitik seitens der Stellvertretung.

Erkennen des eigenen informellen Rahmens

Nehmen Sie sich einem Moment Zeit und überlegen Sie, in welcher informellen Ausbaustufe Sie sich aktuell befinden, und beantworten Sie dann folgende Fragen:

- Passt für mich der aktuelle Spielraum? Ist er dem angemessen, was ich leisten kann und will?
- Passt der Spielraum zu den Anforderungen, die an mich gestellt werden?
- Welchen Spielraum möchte ich gern ausfüllen?
- Welche Schritte kann ich gehen, um meinen bisherigen Spielraum zu verändern?

Nun ist es in der Regel nicht empfehlenswert, diesen informellen Spielraum mit der Leitung verhandeln zu wollen. Nicht selten entsteht dann der Eindruck bei der Leitung, die Stellvertretung wolle an ihrem Stuhl sägen.

Die vorausgegangenen Überlegungen zu Ihrem informellen Spielraum dienen in erster Linie Ihrer eigenen Rollenklärung. Wenn Sie beispielsweise merken, dass Sie bislang eher als Chefvertreter:in agiert haben und Sie zunehmend mehr Aufgaben bekommen, dann ist es möglichweise ratsam, zukünftig als zweite Person zu handeln. Als zweite Person handeln Sie dann nicht mehr nur in Abwesenheit der Leitung, sondern Sie holen sich aktiv alle Informationen, vertreten Ihre Meinung, sind loyal und unterstützen die Leitung permanent.

Vorsicht ist geboten, wenn Sie herausfinden, dass Sie bereits als graue Eminenz agieren. Reflektieren Sie gut, wie es dazu gekommen ist und welcher Machtanspruch Sie antreibt, so zu handeln, wie Sie es tun. Sollte sich herausstellen, dass die Inkompetenz der Leitung Sie dazu veranlasst, als graue Eminenz aufzutreten, dann suchen Sie das Gespräch mit den nächsthöheren Vorgesetzten, um gemeinsam Lösungen zu finden. Lassen Sie sich möglichst nicht dazu verleiten, einen Solidarpakt mit den anderen Teammitgliedern gegen die Leitung zu schließen. In der Regel führt das zu Spaltungen im Team und zu einer unhaltbaren Team- und Arbeitsatmosphäre.

Sollten Sie gern selbst eine Kita leiten wollen, dann werden Sie aktiv, bewerben Sie sich auf freie Leitungsstellen und gehen Sie Ihren Weg.

Entscheiden Sie sich dafür, in der Einrichtung zu bleiben, dann gehen Sie auf die informelle Stufe der Co-Leitung zurück, unterstützen die Leitung in ihrer Tätigkeit und übernehmen eigenverantwortlich Leitungsprojekte.

Loyal bleiben

In der Rolle als stellvertretende Leitung ist die Frage der Loyalität von entscheidender Bedeutung. Loyalität gegenüber der Kita-Leitung ist ein Schlüsselaspekt für den reibungslosen Ablauf und die erfolgreiche Arbeit in der Einrichtung.

Loyalität gegenüber der Kita-Leitung ist nicht nur eine berufliche Verpflichtung, sondern auch ein ethisches Prinzip, das auf Vertrauen, Respekt und Zusammenarbeit beruht. Sie trägt maßgeblich zu einer positiven Arbeitsatmosphäre bei, in der Teamarbeit und pädagogische Grundsätze sich entwickeln können.

Wenn Sie loyal sind, zeigen Sie, dass Sie die Entscheidungen und Visionen der Leitung unterstützen, was die Glaubwürdigkeit der Kita stärkt. Das zeigt der Leitung, dass sie sich auf Sie verlassen kann, und gibt dem Team Orientierung und Stabilität. Eine loyale Beziehung zur Leitung erleichtert die Kommunikation. Offene und ehrliche Gespräche sind eher möglich, wenn eine Grundlage des Vertrauens vorhanden ist. Loyalität bedeutet jedoch nicht, sich meinungs- und bedingungslos der Leitung unterzuordnen. Es geht vielmehr darum, kritisch zu denken und konstruktive Kritik zu äußern, wenn dies angebracht ist, und Entscheidungen, die getroffen wurden, mitzutragen.

Nachvollziehbarerweise ist es nicht immer leicht, loyal zu sein und die Leitung bestmöglich zu unterstützen. Die Vorstellungen über die pädagogische Arbeit und wie diese weiterzuentwickeln ist können auseinanderklaffen. Hier helfen nur offene Gespräche, um gemeinsame Ziele zu definieren und die Ideen der Leitung zu verstehen. Wägen Sie gut ab, inwieweit Sie die Ideen und Vorstellungen mittragen können und welche konstruktiven Beiträge Sie leisten können und wollen. In der gemeinsamen Zusammenarbeit kann es zu den unterschiedlichsten Konflikten und Auseinandersetzungen kommen. Vermeiden Sie dies mit anderen Teammitgliedern zu besprechen und sich dort Unterstützung zu holen. Suchen Sie immer das direkte Gespräch mit der Leitung. Konflikte sollten möglichst immer intern und respektvoll gelöst werden. Wenn nötig, nehmen Sie eine externe Mediation in Anspruch, um eine faire Lösung zu finden.

Die bedeutende Rolle der stellvertretenden Leitung
Stellvertretende Leitungen spielen eine wichtige Rolle bei der Umsetzung der Ziele und Visionen der Kita. Ihre Loyalität ist ein Schlüsselfaktor für den Erfolg der Einrichtung. Indem sie konstruktives Feedback bieten, offen kommunizieren und sich an Veränderungen anpassen, können sie dazu beitragen, eine positive und produktive Arbeitsumgebung zu schaffen.

Loyalität beinhaltet einerseits das Vertrauen-Können der Leitung darauf, dass nicht hinter ihrem Rücken oder gegen ihre Vorstellungen gehandelt wird. Gleichzeitig braucht diese Loyalität auch Raum für kritische Reflexion und Wachstum. Indem Sie als stellvertretende Leitung diese Balance finden, können Sie einen wertvollen Beitrag zur Weiterentwicklung der Kita leisten.

Regelmäßige Absprachen

Für eine möglichst reibungslose Zusammenarbeit ist es wichtig, dass sich stellvertretende Leitung und Leitung gemeinsam Zeit nehmen, um sich auszutauschen und anstehende Aufgaben zu verteilen. Eine funktionierende Kooperation gelingt, wenn feste Zeiten für eine gemeinsame Besprechung im Dienstplan verankert sind und diese klar mit dem gesamten Team kommuniziert werden. In der Praxis gibt es unterschiedliche Modelle, wann, wie oft und wie lang diese Besprechungen stattfinden.

Gestaltung der Besprechungen

Tägliche kurze Treffen von Leitung und stellvertretender Leitung zum gemeinsamen Dienstbeginn beispielsweise um 08:45 Uhr, um das Wesentliche für den Tag abzusprechen. Eine Dauer von fünf bis maximal dreißig Minuten, je nachdem was ansteht. Das ist immer dann gut umsetzbar, wenn die stellvertretende Leitung einen gewissen Freistellungsanteil hat, der diese festen Austauschzeiten vorsieht. Handelt es sich hier um eine reine Abwesenheitsvertretung, muss diese sich die Zeit von der ihr verfügbaren Vorbereitungszeit oder der Zeit, in der sie mit den Kindern arbeitet, abzweigen.

Einmal in der Woche in einem sogenannten »Jour fixe«. Tag, Uhrzeit und Dauer variieren hier je nach Einrichtung. Hier nehmen sich Leitung und stellvertretende Leitung einmal wöchentlich ein bis zwei Stunden Zeit, um Informationen auszutauschen und wichtige Aufgaben untereinander aufzuteilen.

Kurz vor der geplanten Abwesenheit setzt sich die Leitung mit der Abwesenheitsvertretung ein bis zwei Stunden zusammen, um das Wesentliche zu besprechen, was diese wissen muss, um die Einrichtung in Abwesenheit der Leitung am Laufen zu halten. Der Nachteil an dieser Praxis besteht darin, dass der Abwesenheitsvertretung bei ungeplanten Ausfällen der Leitung notwendige Informationen fehlen und der Handlungsspielraum sehr begrenzt ist. Je nachdem kann es dann zur Stagnation der Abläufe oder zu Fehlentscheidungen kommen.

Bedauerlicherweise fallen in der Praxis diese wichtigen Treffen zwischen Leitung und stellvertretender Leitung oftmals aus, weil die stellvertretende Leitung keinen Freistellungsanteil hat oder weil sie bei Personalengpässen als Springer:in im Gruppendienst eingeplant ist. Es sollte im Vorfeld mit dem Team eindeutig abgesprochen sein, dass die Besprechungen wichtig sind und wozu sie dienen. Damit lassen sich die Akzeptanz im Team und die Bereitschaft, das Leitungsteam dahingehend zu unterstützen, dass diese Besprechungen möglichst oft stattfinden können, steigern.

Um die Absprachen über den Tag oder die Woche nicht zu vergessen, sollten wichtige Notizen, Gesprächsvereinbarungen oder Fragestellungen in einem sogenannten »Leitungsbuch« festgehalten werden. Darauf können Leitung und stellvertretende Leitung dann jederzeit zurückgreifen.

Einarbeitung einer neuen Leitung

Die Einarbeitung neuer Führungskräfte ist ein entscheidender Schritt, um sicherzustellen, dass das Team effektiv zusammenarbeitet und die vereinbarten Ziele erreicht werden. Stellvertretende Leitungen spielen eine maßgebliche Rolle dabei, wenn nun eine neue Führungskraft ins Team kommt. Unabhängig davon, ob der Leitungswechsel nahtlos stattfindet oder die stellvertretende Leitung über kürzer oder länger die Führung übernommen hat, ist sie nun die Person, die das Team, die Kita und die Abläufe besser kennt als die einzuarbeitende Leitung.

Während des Einarbeitungsprozesses braucht die stellvertretende Leitung eine ausgeprägte Sensibilität im Umgang mit Team und Leitung. Im Vorfeld sollte sie sich daher gründlich auf die anstehenden Veränderungen vorbereiten. Dies beinhaltet die Klärung der eigenen Rolle und Verantwortlichkeit für den Übergabeprozess.

Es bedarf einer guten Balance von Verantwortung sowie Aufgabenübernahme und schleichender Übergabe dieser Aufgaben an die neue Leitung. Innerhalb des Teams sollten klare Ziele und Erwartungen für die Einarbeitungszeit festgelegt sowie Ressourcen und Unterstützung, die während der Einarbeitungsphase benötigt werden, identifiziert und koordiniert werden.

Ein strukturierter Onboarding-Plan ist entscheidend, um sicherzustellen, dass die neue Führungskraft effektiv integriert wird. Die stellvertretende Leitung sollte diesen Plan in Rücksprache mit dem Träger und der zukünftigen Leitung erstellen und sicherstellen, dass er alle notwendigen Schritte und Ressourcen enthält. Dazu gehören regelmäßige Orientierungsgespräche zwischen stellvertretender Leitung, Leitung und gegebenenfalls Trägervertreter:innen sowie Schulungen (z. B. zu besonderen Anmelde- oder Abrechungsverfahren), die durch den Träger zu koordinieren sind.

Die stellvertretende Leitung begleitet und ermöglicht darüber hinaus in Absprache mit der neuen Leitung das Kennenlernen des Teams, das Kennenlernen der Kinder und Familien, die Einarbeitung in die Büroorganisation und das Kennenlernen der einrichtungsspezifischen Abläufe.

Die stellvertretende Leitung spielt eine Schlüsselrolle bei der Förderung der Kommunikation zwischen der neuen Führungskraft und dem bestehenden Team. Regelmäßige Meetings, Feedback-Sitzungen und die Schaffung einer offenen, unterstützenden Atmosphäre sind von entscheidender Bedeutung, um mögliche Missverständnisse zu vermeiden und das Vertrauen im Team zu stärken.

Die stellvertretende Leitung kann auch eine Mentoring-Rolle übernehmen, um die neue Führungskraft in den ersten Monaten zu unterstützen. Dies kann dazu beitragen, Unsicherheiten abzubauen und den Lernprozess zu beschleunigen. Die stellvertretende Leitung sollte für Fragen und Unterstützung offen sein und die Entwicklung der neuen Führungskraft aktiv fördern. Dabei ist es wichtig, dass die stellvertretende Leitung sich als Brückenbauer:in versteht, damit die neue Leitung gut in ihrer neuen Position ankommen kann, ohne dass diese das Gefühl hat, die Stellvertretung wolle ihr diese Position streitig machen. Ihre Rolle ist entscheidend, um eine reibungslose Integration und langfristige Akzeptanz im Team sicherzustellen.

3.4 Die eigene Position im Team finden

In jedem Team spielt die Führungsstruktur eine entscheidende Rolle für den Erfolg und die Effizienz der Zusammenarbeit. Die Rolle der stellvertretenden Leitung ist dabei von besonderer Bedeutung, da sie sowohl ein Teil des Teams als auch ein:e Vertreter:in der Führungsebene ist. In diesem Kapitel werden wir die einzigartige Position der stellvertretenden Leitung untersuchen, ihre Rolle im Teamkontext beleuchten und die Herausforderungen und Chancen, die mit dieser Position einhergehen, diskutieren.

Abbildung 11: Die eigene Position im Team

Teamprozesse einordnen

Als stellvertretende Leitung in einer Kindertagesstätte (Kita) ist es von großer Bedeutung, die Teamphasen nach Tuckman (Kauffeld, 2014) zu verstehen und zu berücksichtigen, um ein kooperatives und konstruktives Arbeitsumfeld für das pädagogische Team zu schaffen.

Die Teamphasen (nach B. Tuckman)

1. Forming (Orientierung):
Diese Phase kommt immer dann zum Tragen, wenn neue Mitarbeitende ins Team kommen, es einen internen Personalwechsel zwischen den Gruppen gibt, ein:e Kolleg:in aus dem Team die stellvertretende Leitung übernimmt, jemand externes die Rolle der Stellvertretung einnimmt oder eine Veränderung auf der Leitungsebene erfolgt.

So oder so lernen sich die Teammitglieder in dieser Phase erst einmal näher oder neu kennen. Der Umgang ist in der Regel durch Unsicherheit, Höflichkeit, vorsichtiges Beobachten und gegenseitiges Abtasten geprägt. Jede:r versucht, herauszufinden, wer und wie der:die andere ist. Teammitglieder, die die Rolle verändert haben, werden genauestens beäugt, inwieweit sie sich in der neuen Position anders verhalten.

Hilfreich ist es, wenn in dieser Phase die Leitung oder im Einzelfall die stellvertretende Leitung dafür sorgt, dass sich neue Teammitglieder willkommen fühlen. Es gilt, gegenseitige Erwartungshaltungen transparent zu kommunizieren.

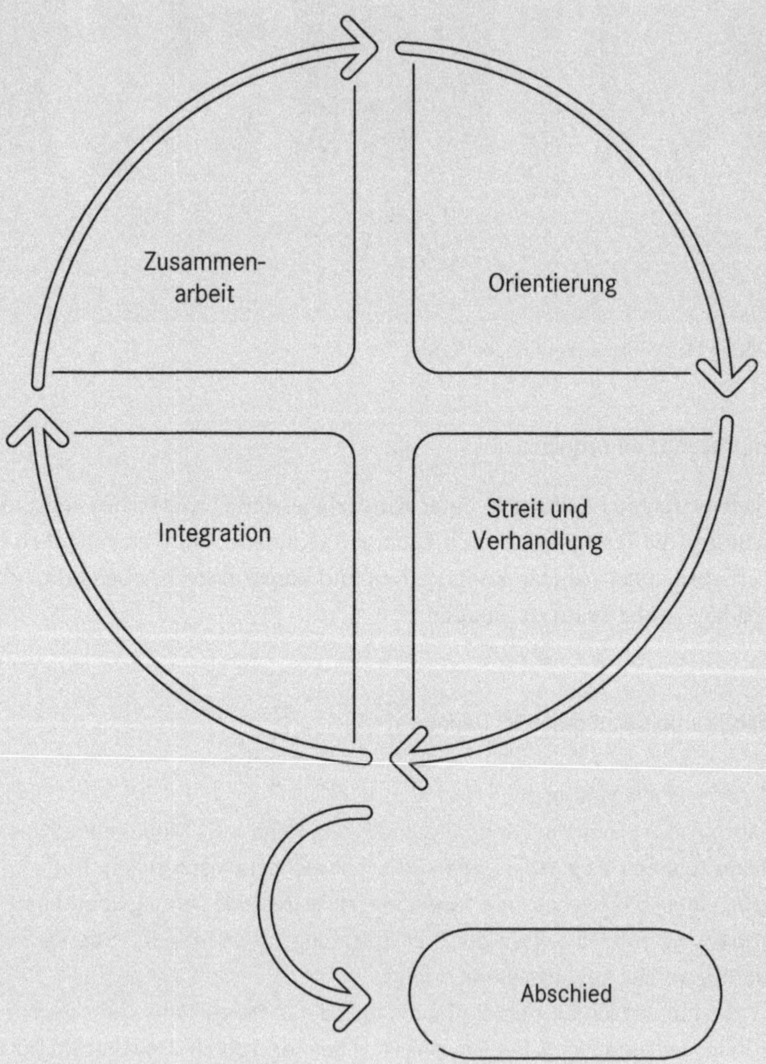

Abbildung 12: Teamphasen

Für das Ankommen der neuen Mitarbeiter:innen, unabhängig ob als Fachkraft, stellvertretende Leitung oder Leitung, ist ein Einarbeitungskonzept sehr hilfreich, bei dem ein:e feste:r Ansprechpartner:in festgelegt, ein Einarbeitungsplan aufgestellt, Reflexionsgespräche eingeplant und die wichtigsten Informationen zusammengestellt werden.

Wenn es sich um die Neuorientierung einer Fachkraft aus dem Team, die nun die Position der stellvertretenden Leitung übernimmt, handelt, ist die Einführungsphase möglicherweise weniger ausgeprägt. Dennoch empfiehlt es sich, die neue Rolle der stellvertretenden Leitung zu klären und den Übergang zu kommunizieren. Klare Erwartungen bezüglich der neuen Verantwortlichkeiten und der Zusammenarbeit mit dem Team sollten festgelegt werden.

2. Storming (Streit und Verhandlung):
Hier kommen sich die Teammitglieder näher – sowohl positiv als auch negativ. Der:Die Einzelne merkt, mit wem die »Chemie stimmt« und mit wem nicht. Konflikte oder Unklarheiten können in dieser Phase auftreten, da Teammitglieder ihre Rollen und Verantwortlichkeiten klären müssen. Manchmal kommt es zu Grüppchenbildungen und Konkurrenz untereinander. Einzelne Kolleg:innen werden in ihrem Handeln abgelehnt oder infrage gestellt. Es wird sich an Problemen orientiert, die oftmals nicht sachlich gelöst, sondern auf einer persönlichen Ebene ausgetragen werden.

Als stellvertretende Leitung in Führungsverantwortung ist es entscheidend, diese Spannungen zu erkennen und sie aktiv in Absprache mit der Leitung anzugehen. Dazu sind regelmäßige Besprechungen hilfreich, in denen alle ihre Anliegen äußern können und die Zeit für konstruktives Feedback und Problemlösungen genutzt wird.

Sollte die stellvertretende Leitung selbst noch in der Rollenfindung stecken, kommt es nicht selten zu Konflikten und Unklarheiten in dieser Phase, insbesondere wenn es darum geht, die Grenzen zwischen der früheren Teammitgliedschaft und der neuen Führungsrolle zu definieren. Es ist wichtig, diese Herausforderungen offen anzusprechen und als stellvertretende Leitung eine klare Kommunikation mit Unterstützung durch die Leitung anzustreben, um mögliche Missverständnisse zu vermeiden.

3. Norming (Integration):
In dieser Phase entwickelt das Team gemeinsame Regeln und Normen, die für eine reibungslose Zusammenarbeit in der Kita entscheidend sind. Als stellvertretende Leitung ist es wichtig, diese Normen zu unterstützen und vorzuleben. Es gilt, sicherzustellen, dass alle Teammitglieder einschließlich

der stellvertretenden Leitung und der Leitung klare Rollen und Verantwortlichkeiten haben, an die sie sich verbindlich halten.

Befindet sich die stellvertretende Leitung gerade selbst im Prozess des Rollenwechsels, weil sie bereits Teil des Teams war, kann aufgrund der bereits bestehenden Beziehungen im Team die Entwicklung gemeinsamer Regeln und Normen erleichtert sein. Die stellvertretende Leitung sollte jedoch sicherstellen, dass sie weiterhin eine unterstützende und gleichzeitig klare Haltung bietet, um sicherzustellen, dass die neuen Verantwortlichkeiten und Erwartungen im Team gut verstanden und angenommen werden.

4. Performing (Zusammenarbeit):
In dieser Phase arbeitet das Team effektiv zusammen und erreicht die gesetzten Ziele. Die stellvertretende Leitung kann das Team weiterhin unterstützen, indem sie Anerkennung für gute Arbeit ausspricht, geeignete Schulungs- und Entwicklungsmöglichkeiten auftut und Möglichkeiten für Teammitglieder schafft, individuelle Fähigkeiten einzubringen und Verantwortung zu übernehmen. Dabei sollte auch hier der stellvertretenden Leitung ihre Vorbildfunktion immer bewusst sein.

Die stellvertretende Leitung hat im besten Fall einen guten Blick für die Stärken und Schwächen des Teams und einzelner Teamkolleg:innen. Diese Kenntnisse kann sie nutzen, um eine gute Zusammenarbeit anzuregen und zu unterstützen. Gleichzeitig sollte sie sicherstellen, dass keine Voreingenommenheit oder Bevorzugung gegenüber einzelnen Teamkolleg:innen besteht und eine faire Behandlung aller Teammitglieder gewährleistet wird.

5. Adjourning (Auf- bzw. Ablösung):
Wenn ein Teammitglied die Kita verlässt, ist es wichtig, den Abschied angemessen zu gestalten. Leitung und stellvertretende Leitung können beispielsweise ein Abschiedstreffen organisieren, um das Teammitglied angemessen zu verabschieden und seine Leistungen zu würdigen. Gleichzeitig kann es eine Gelegenheit sein, die gemeinsame Zeit zu reflektieren und ein Feedback für die zukünftige Zusammenarbeit für das verbleibende Team zu sammeln.

Indem Sie als stellvertretende Leitung die Teamphasen nach Tuckman aktiv berücksichtigten und eine unterstützende, offene und positive Arbeitskultur in der Kita fördern, können Sie dazu beitragen, dass das pädagogische Team effektiv zusammenarbeitet, die Kinder optimal betreut und die Bildungsziele der Einrichtung gemeinsam erreicht werden.

Wenn Sie als stellvertretende Leitung zuvor Teil des Teams waren und nun die Führungsrolle übernehmen, kann dies zu gemischten Gefühlen und Herausforderungen führen (mehr dazu in Kapitel 3.8). Es ist wichtig, den Übergang für das gesamte Team angemessen zu begleiten und mögliche Anpassungsphasen zu berücksichtigen. Ehemalige Kolleg:innen können möglicherweise eine gewisse Zeit benötigen, um sich an Ihre neue Rolle als stellvertretenden Leitung zu gewöhnen und eine klare Trennung zwischen persönlicher Beziehung und beruflicher Hierarchie herzustellen.

Wenn Sie als stellvertretende Leitung von außen kommen, um eine bereits bestehende Kita zu leiten, gibt es einige wichtige Aspekte zu beachten, um einen reibungslosen Übergang und eine erfolgreiche Integration in das bestehende Team zu gewährleisten.

1. *Einführungs- und Kennenlernphase:* Als stellvertretende Leitung sollten Sie die Einführungsphase nutzen, um das bestehende Team und die Mitarbeitenden der Kita kennenzulernen. Sie sollte sich Zeit nehmen, um sich vorzustellen, ihre Erfahrungen und ihre Vision für die Kita zu teilen. Offene Kommunikation ist hier entscheidend, um möglichen Ängsten oder Bedenken des Teams zu begegnen.
2. *Respekt vor der bestehenden Kultur:* Als extern dazukommendes Teammitglied ist es wichtig, die bereits bestehende Kultur und Arbeitsweise der Kita zu respektieren. Anstatt sofort Veränderungen durchzusetzen, sollte die stellvertretende Leitung zuerst verstehen, wie die Dinge bisher gelaufen sind, und sich bewusst in die bestehenden Strukturen integrieren.
3. *Aufbau von Vertrauen:* Vertrauen ist ein wesentlicher Bestandteil einer erfolgreichen Zusammenarbeit im Team. Sie sollten aktiv daran arbeiten, Vertrauen zu gewinnen, indem Sie transparente Kommunikation fördern, Ihre Versprechen einhalten und zuhören, was die Teammitglieder zu sagen haben.
4. *Klare Kommunikation:* Da Sie als stellvertretende Leitung von außen kommen, besteht die potenzielle Gefahr von Missverständnissen oder Fehlkommunikation. Klare und eindeutige Kommunikation ist daher von großer Bedeutung. Stellen Sie sicher, dass Informationen klar vermittelt werden und dass die Teammitglieder die Möglichkeit haben, Fragen zu stellen und Feedback zu geben.
5. *Sensibilität gegenüber bestehenden Beziehungen:* In einer bestehenden Kita haben die Teammitglieder oft bereits langjährige Beziehungen zueinander aufgebaut. Als stellvertretende Leitung sollten Sie sich der bestehenden Dynamiken und sozialen Verbindungen bewusst sein und diese sensibel behandeln. Es ist wichtig, keine Partei zu ergreifen und sicherzustellen, dass alle fair und respektvoll behandelt werden.

6. *Teamstärken erkennen und nutzen:* Als externe Fachkraft bringen Sie neue Perspektiven und Erfahrungen aus Ihrer vorheriger Tätigkeit mit. Sie haben nun den unvoreingenommenen Blick von außen und können die blinden Flecken des Teams, aber auch die Stärken der einzelnen Teammitglieder erkennen. Sie können ein wichtiger und wertvoller Spiegel sein.
7. *Geduld und Flexibilität:* Der Übergang einer externen stellvertretenden Leitung kann Zeit und Anpassung erfordern. Es ist wichtig, dass Sie geduldig bleiben. Flexibilität ist hier entscheidend, um sich den Bedürfnissen und Herausforderungen der Kita anzupassen und Veränderungen Schritt für Schritt mitanzustoßen.

Indem Sie diese Aspekte berücksichtigen, kann eine positive und produktive Arbeitsumgebung entstehen, die es dem Team ermöglicht, erfolgreich zusammenzuarbeiten und gemeinsam gesteckte Ziele zu erreichen.

KitaTalks auf YouTube zur Vertiefung

Neu als Kita Leitung – Vertrauen im Team gewinnen von Anfang an

In diesem Podcast erzählt Sarah Bauer von ihrem internen Rollenwechsel von der Fachkraft zur Kita-Leitung und wie es ihr gelang, das bestehende Vertrauen der Kolleg:innen aufrechtzuerhalten und zu stabilisieren. Diese Folge lädt Sie dazu ein, zu schauen, was Sie davon auch für sich als stellvertretende Leitung mitnehmen können.

Dauer: 31:41 Minuten.

Verschiedene Teamrollen einnehmen

In einem Team bilden sich so nach und nach bestimmte soziale Rollen für die einzelnen Mitarbeitenden heraus. Diese Rollen prägen die Teamdynamik und beeinflussen die Aufgabenverteilung untereinander, die Interaktion und Kommunikation miteinander, den Umgang mit Konflikten und die Leistungsfähigkeit und -bereitschaft im Team. Wenn alle Rollen gut besetzt sind und jedes Teammitglied sich mit seiner Rolle identifiziert, wird ein Team dadurch im besten Fall handlungsfähig.

Die stellvertretende Leitung spielt eine wesentliche Rolle bei der Förderung der Teamdynamik. Ihr sollten die Bedeutung und Wirksamkeit von Teamrollen bekannt sein, damit sie verschiedene Rollen bei sich selbst und den anderen Teammitgliedern erkennen kann. Je nachdem ob sie gerade als Fachkraft oder als Co in Anwesenheit der Leitung agiert oder die Führungsrolle in der Ab-

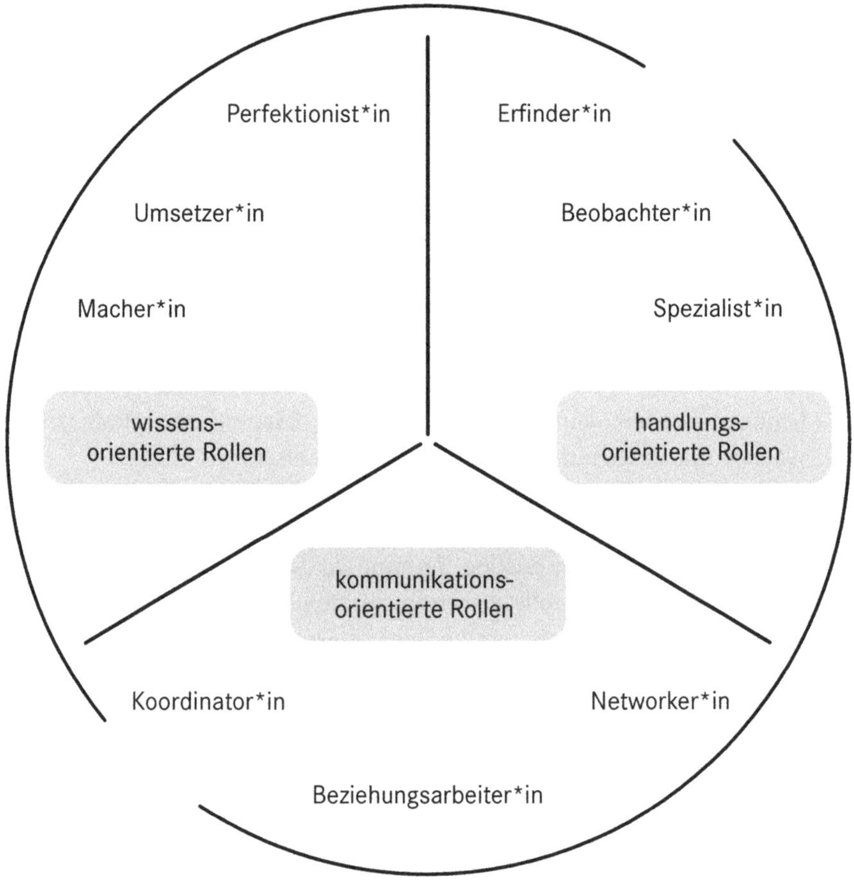

Abbildung 13: Teamrollen nach Belbin (vgl. Lieb, 2018)

wesenheit der Leitung übernimmt, wird sie verschiedene Teamrollen bedienen und ausfüllen müssen.

Im Folgenden werde ich Ihnen zunächst das *Teamrollenmodell nach R. M. Belbin* (vgl. Lieb, 2018) vorstellen, das Sie dabei unterstützt, Ihre eigene Rolle näher beschreiben und ausfüllen zu können.

In diesem Modell werden drei große Rollenbereiche unterschieden. Es gibt die *handlungsorientierten Rollen,* die *wissensorientierten Rollen* und die *kommunikationsorientierten Rollen.*

Zu den *handlungsorientierten Rollen* gehören:

- *die Macher:innen,* die gern Verantwortung übernehmen und auch gut unter Druck arbeiten können. Sie sind spontan, innovativ und dynamisch. Sie

packen Dinge beherzt, lösungs- und zielorientiert an. Manchmal geht es den Macher:innen jedoch nicht schnell genug. Sie werden dann ungeduldig und üben Druck aus. Der stellvertretenden Leitung stehen viele dieser Eigenschaften sehr gut. Sie sollten darauf achten, nicht immer voranzupreschen, sondern auch langsamere Kolleg:innen mit ins Boot zu nehmen.
- *die Umsetzer:innen,* die sehr gut die Pläne und Ideen anderer umsetzen können. Sie besitzen einen guten Blick für die Unterscheidung von wichtig und unwichtig. Sie können sich und andere gut organisieren, sind verlässlich und mögen feste Strukturen und Vorgaben. Sie sind strukturiert und diszipliniert. Auf diese Stellvertretung kann sich die Leitung in ihrer Abwesenheit verlassen. Es sollte nur nicht zu viel Unvorhergesehenes in der Abwesenheit der Leitung passieren, dann kommen die Umsetzer:innen auch schon mal ins Wanken und reagieren unflexibel und wenig entschlussfreudig.
- *die Perfektionist:innen, die* mit 100 Prozent ihrer Aufmerksamkeit und Energie die ihnen übertragenen Aufgaben übernehmen. Ihnen ist die detaillierte und genaue Ausführung wichtig. Termine werden eingehalten. Sie behalten die Übersicht und Kontrolle, neigen aber dazu, alles selbst zu erledigen. Diese Stellvertretung sollte sich zum Lernziel setzen, dass anders nicht zwangsläufig schlechter bedeutet und es zu ihrer eigenen Entlastung beiträgt, wenn auch andere Teammitglieder in Abwesenheit der Leitung die Verantwortung mittragen. Dies erscheint mir ganz besonders in der Position der reinen Abwesenheitsvertretung ohne Freistellungsanteil elementar. Ansonsten könnte eine Überlastung vorprogrammiert sein.

Ergänzend zu den handlungsorientierten Rollen gibt es die *wissensorientierten Rollen.* Geht es bei den vorher benannten Rollen um das Übernehmen und Umsetzen von konkreten Aufgaben, liegt hier der Schwerpunkt darauf, dass die jeweiligen Rollenträger:innen über ein bestimmtes Wissen verfügen, das sie in den Teamprozess miteinbringen. Hier gibt es:
- *die Erfinder:innen,* die vor Kreativität und Ideenreichtum nahezu sprühen. Sie sind sehr spontan und flexibel. Es entstehen schnell neue Ideen und alternative Möglichkeiten, manchmal unbeachtet dessen, ob die Ideen auch realistisch und umsetzbar sind. Details und Nebensächlichkeiten werden oft übersehen oder ignoriert und können zu großen Stolpersteinen werden. Es fällt ihnen schwer, stringent am Ball zu bleiben und ein Ziel zu verfolgen. Erfinder:innen besitzen eine ganze Portion der für Stellvertreter:innen notwendigen situativen Wendigkeit. Die Kunst besteht darin, trotzdem die Vorgaben nicht aus den Augen zu verlieren und alles Erforderliche mit zu bedenken.

- *die Beobachter:innen.* Sie sind nüchtern, analytisch und skeptisch. Sie verschaffen sich aus der Distanz heraus einen Überblick über die jeweilige Situation und erkennen Zusammenhänge und Verknüpfungen. Sie wirken ruhiger und zurückhaltender und bringen ihre Ansichten häufig nur nach Aufforderung oder wenn sie sich sehr sicher fühlen ein. Eine gute Beobachtungsgabe ist ein wesentlicher Rollenanteil der stellvertretenden Leitung. Sie braucht ergänzend die Kompetenz, die Beobachtungen angemessen mit in den Teamprozess einzubringen und zur Verfügung zu stellen.
- *die Spezialist:innen,* denen ein umfassendes Wissen in einem Spezialgebiet zu Verfügung steht. Diese Stellvertretungen brennen für ein bestimmtes Thema und können das Team mit ihrer Begeisterung anstecken. Es bietet sich an, dies in der Konzeptionsentwicklung zu nutzen, in dem sich Leitung und Stellvertretungen die Zuständigkeiten für bestimmte Themen je nach ihren Spezialgebieten aufteilen. Hilfreich kann auch ein Spezialwissen in Sachen Digitalisierung sein, um beispielsweise die Bürokommunikation und die Informationswege mit beispielsweise den Eltern zu modernisieren.

Und dann gibt es noch die *kommunikationsorientierten Rollen,* deren Inhaber:innen mit ihrer Kommunikationsstärke und -fähigkeit zum Teamprozess beitragen. Hier sind zu benennen:

- *die Koordinator:innen,* die das Zusammenspiel der einzelnen Teammitglieder unter Berücksichtigung einzelner Stärken und Fähigkeiten koordinieren. Sie sind entschlussfähig, kommunikativ und können gleichzeitig gut zuhören. Sie behalten Ziel- und Zeitvorgaben gut im Blick. In der Regel fällt es ihnen leicht, zu delegieren. Um effizient als Stellvertretung tätig zu sein, bedarf es einer ganzen Portion an Koordinationsgabe.
- *die Teamarbeiter:innen,* die im guten Kontakt mit nahezu allen Teammitgliedern stehen und deren private und persönliche Hintergründe gut kennen. Meist sind sie sehr zugewandt, sympathisch, unterstützend, diplomatisch und daher sehr beliebt im Team. Als Stellvertretung gilt es, darauf zu achten, im guten Kontakt zu den Kolleg:innen zu sein und trotzdem nicht dem Irrglauben zu verfallen, es allen recht machen zu müssen. Das kann dann dazu führen, dass aus einem Harmoniebedürfnis heraus Konflikte vermieden werden. Als Stellvertretung kommen Sie nicht darum herum, sich selbst zu positionieren und kritische Entscheidungen zu treffen.
- *die Networker:innen,* die eher extrovertiert sind und viele Kontakte auch außerhalb der Kita pflegen und herstellen können. Dies kann sehr nützlich im Rahmen der Öffentlichkeitsarbeit oder in der Zusammenarbeit mit externen Stellen sein.

Bei dieser Übersicht wird schnell deutlich, dass viele einzelne Eigenschaften dieser Rollentypen wichtig für die Position der Stellvertretung sein können.

Eine der *Hauptqualitäten,* die stellvertretende Leitungen benötigen, ist *Flexibilität.* Je nach den Anforderungen des Teams und den aktuellen Herausforderungen können sie verschiedene Rollen einnehmen. Zum Beispiel kann die stellvertretende Leitung, wenn das Team in einer kreativen Phase ist und neue Ideen benötigt, die Rolle des oder der Ideengeber:in übernehmen. Wenn es darum geht, Aufgaben effizient umzusetzen, kann sie in die Rolle des oder der Umsetzer:in schlüpfen.

Die Kunst der stellvertretenden Leitung liegt darin, das *Team im Gleichgewicht zu halten.* Dies bedeutet, dass sie nicht nur ihre eigenen Stärken und Präferenzen berücksichtigen sollte, sondern auch die der Teammitglieder. Ein:e gute:r Koordinator:in erkennt Schwierigkeiten frühzeitig und hilft, diese zu lösen. Ein:e Teamarbeiter:in sorgt dafür, dass die Teammitglieder gut miteinander auskommen.

Die stellvertretende Leitung sollte dabei immer eng mit der Leitung zusammenarbeiten. Wenn die Einrichtungsleitung beispielsweise die Rolle des:r Koordinator:in einnimmt, kann die stellvertretende Leitung in die Rolle des:r Macher:in schlüpfen, um neue Ideen und Perspektiven umzusetzen. Diese Synergie zwischen Leitung und stellvertretender Leitung stärkt das Team insgesamt.

Die Selbstanalyse der Teamrollen nach Belbin

Im Folgenden lade ich Sie zur Selbstreflexion ein, um Ihre eigenen Rollentypen in Ihrer Position als stellvertretende Leitung nach dem Belbin-Modell zu identifizieren. Sie können damit herausfinden, welche Rollen Sie in verschiedenen Konstellationen oder Situationen bevorzugt einnehmen.

Vorbereitung: Stellen Sie sicher, dass Sie sich mit dem Belbin-Teamrollenmodell auf den vorausgegangenen Seiten vertraut gemacht haben. Beantworten Sie anschließend möglichst ehrlich und spontan folgende Fragen und machen sich Notizen zu Ihren ersten Impulsen, die Ihnen dazu in den Kopf kommen.

- Welche Aufgaben oder Rollen übernehmen Sie normalerweise in einem Team?
- Welche Tätigkeiten oder Verantwortlichkeiten machen Ihnen besonders viel Spaß?
- Wie reagieren Sie in stressigen oder konfliktreichen Situationen?
- Welche Eigenschaften oder Verhaltensweisen schätzen Ihre Teamkolleg:innen an Ihnen?

- Welche Teamrollen fühlen sich für Sie am natürlichsten an und welche erfordern mehr Anstrengung?

Bitten Sie Ihre Leitung oder Teammitglieder, die Sie gut kennen, Ihnen Feedback zu geben. Sie können dieselben Fragen verwenden, um einen Vergleich zwischen Selbstwahrnehmung und Fremdwahrnehmung herzustellen.

Nachdem Sie die Fragen beantwortet haben und das Feedback eingeholt wurde, analysieren Sie die Ergebnisse und Antworten auf Gemeinsamkeiten und Unterschiede. Welche von Ihnen bevorzugten Teamrollen werden dadurch sichtbar? Wo sehen Sie für sich Entwicklungsbedarf? Wer könnte Sie dabei unterstützen?

Diese Übung kann dazu beitragen, dass Sie als stellvertretende Leitung Ihre Teamrollenkenntnisse vertiefen und effektiver in verschiedenen Situationen agieren können. Es ist wichtig, zu betonen, dass die Identifikation mit den einzelnen Teamrollen ein laufender Prozess ist und sich im Laufe der Zeit ändern kann.

Eine:r von vielen und doch anders

Die stellvertretende Leitung nimmt eine einzigartige Position innerhalb des Teams ein, da sie sowohl die Ziele und Anweisungen der Führungsebene vermittelt als auch die Bedürfnisse, Anliegen und Ideen der Teammitglieder an diese Ebene weiterleitet. Sie agiert als Bindeglied zwischen den beiden Ebenen. In dieser Rolle unterstützt sie die Förderung einer harmonischen Teamkultur und kann dazu beitragen, dass die Teammitglieder sich gehört und unterstützt fühlen.

Obwohl die Position der stellvertretenden Leitung in einem Team von großer Bedeutung ist, bringt sie auch ihre eigenen Herausforderungen mit sich. Die stellvertretende Leitung muss oft einen Balanceakt zwischen ihren Pflichten als Teammitglied und ihren Verantwortlichkeiten als Vertreter:in der Führungsebene meistern. Dies kann zu Spannungen führen, da sie oftmals in Entscheidungsprozesse involviert ist, die auch ihre direkten Kolleg:innen betreffen können. Eine klare Kommunikation und Transparenz sind daher unerlässlich, um das Vertrauen und die Zusammenarbeit innerhalb des Teams aufrechtzuerhalten.

Trotz ihrer Rolle als Bindeglied zwischen Team und Führungsebene ist es wichtig, zu betonen, dass die stellvertretende Leitung immer noch ein integraler Teil des Teams ist. Ihr Beitrag zu Teamdiskussionen, die Zusammenarbeit an Projekten und ihre Unterstützung der Teamziele sind von großer Bedeutung für das gesamte Team. Durch eine gelungene Verknüpfung von der Führungsrolle mit ihrem Selbstverständnis als Teamplayer:in, kann die stellvertretende Leitung ein wichtiges Vorbild sein und andere dazu ermutigen, sich engagiert in den Teamprozess einzubringen.

Trotz dieser speziellen Herausforderungen bietet die Position der stellvertretenden Leitung auch erhebliche Chancen für das persönliches Wachstum und die berufliche Entwicklung des oder der Stelleninhaber:in. Durch die enge Zusammenarbeit mit der Führungsebene erhält die stellvertretende Leitung wertvolle Einblicke in Entscheidungsprozesse, strategische Planung und Organisationsentwicklung. Dies ermöglicht es ihr, wertvolle Erfahrungen zu sammeln und ihre Führungsqualitäten zu erweitern.

Die einzigartige Rolle der stellvertretenden Leitung im Team

Diese Reflexionsübung soll Ihnen als stellvertretende Leitung dabei helfen, Ihre Position im Team zu reflektieren und ein besseres Verständnis für Ihre Rolle als Bindeglied zwischen Team und Führungsebene zu entwickeln. Die Übung will ermutigen, Chancen und Herausforderungen anzuerkennen.

1. Finden Sie einen ruhigen Ort, an dem Sie ungestört sind und sich auf die Reflexion konzentrieren können. Nehmen Sie sich Zeit für diese Übung und lassen Sie alle Ablenkungen beiseite.
2. Beginnen Sie mit einigen tiefen Atemzügen, um sich zu entspannen. Lassen Sie Anspannungen los und fokussieren Sie sich auf den gegenwärtigen Moment.
3. Nehmen Sie sich Zeit, um sich daran zu erinnern, warum Sie stellvertretende Leitung geworden sind und welche Ziele Sie verfolgen. Denken Sie darüber nach, wie Ihre Rolle als Bindeglied zwischen Team und Führungsebene aussieht und welche Verantwortlichkeiten damit verbunden sind.
4. Reflektieren Sie über die Chancen, die Ihre Position als stellvertretende Leitung mit sich bringt. Welche einzigartigen Einblicke und Erfahrungen haben Sie durch die enge Zusammenarbeit mit der Führungsebene gewonnen? Wie können Sie diese Chancen nutzen, um sich persönlich und beruflich weiterzuentwickeln?
5. Erkennen Sie die Herausforderungen an, die mit Ihrer Position als stellvertretende Leitung verbunden sind. Welche Spannungen haben Sie möglicherweise zwischen Ihrer Rolle als Teammitglied und Vertreter:in der Führungsebene erlebt? Wie ist Ihr Verhältnis zu den anderen Teammitgliedern? Welche Erwartungen werden Ihnen von den anderen entgegen-

gebracht? Werden Sie in Ihrer Position akzeptiert? Wie viel Nähe und Distanz ist in der Zusammenarbeit mit den Teammitgliedern sinnvoll? Was wünschen Sie sich von der Zusammenarbeit mit den Teammitgliedern?

6. Wie können Sie diese Herausforderungen bewältigen und eine offene Kommunikation mit dem Team aufrechterhalten? Denken Sie darüber nach, wie Sie eine positive Teamkultur fördern können. Welche Schritte können Sie unternehmen, um sicherzustellen, dass sich die Teammitglieder gehört und unterstützt fühlen?
7. Betrachten Sie die Erkenntnisse aus Ihrer Reflexion und entwickeln Sie konkrete Handlungsstrategien. Wie können Sie Ihre Stärken als stellvertretende Leitung nutzen, um das Team zu stärken und die Zusammenarbeit zu verbessern? Welche Schritte können Sie unternehmen, um die Herausforderungen anzugehen und ein noch effektiveres Bindeglied zwischen Team und Führungsebene zu sein?
8. Notieren Sie Ihre Gedanken und Erkenntnisse aus der Reflexion. Denken Sie darüber nach, wie Sie diese Erkenntnisse in Ihre tägliche Arbeit als stellvertretende Leitung einfließen lassen können, um Ihre Rolle im Team weiter zu stärken und zur positiven Entwicklung des gesamten Teams beizutragen.

Sie sollten diese Reflexionsübung von Zeit zu Zeit wiederholen, um Ihre Rolle im Team zu reflektieren und eine kontinuierliche Entwicklung und Verbesserung Ihrer Führungsqualitäten zu erreichen.

Transparenz der Zuständigkeiten

Die Aufgaben einer stellvertretenden Leitung in einer Kita sind vielfältig und anspruchsvoll. Von der Organisation des Tagesablaufs über die Zusammenarbeit mit Eltern bis hin zur Unterstützung des pädagogischen Personals – die Palette der Verantwortlichkeiten ist breit gefächert. Diese Vielfalt kann jedoch zu Missverständnissen und Konflikten führen, wenn die Zuständigkeiten nicht klar definiert sind.

Transparenz in den Zuständigkeiten schafft Vertrauen und erleichtert die Zusammenarbeit im Team. Wenn jedes Teammitglied genau weiß, welche Aufgaben die stellvertretende Leitung übernimmt, entstehen weniger Missverständnisse und Unstimmigkeiten. Dies führt zu einer harmonischeren Arbeitsumgebung und ermöglicht dem Team, sich auf das Wohl der Kinder und ihrer Familien zu konzentrieren.

Um eine Transparenz in den Zuständigkeiten zu gewährleisten, ist eine offene Kommunikation unerlässlich. Die stellvertretende Leitung sollte mit Unterstützung seitens der Leitung mit den anderen Teammitgliedern in Dialog treten und ihre Verantwortlichkeiten klar und verständlich kommunizieren. Dies kann durch regelmäßige Teammeetings, Dienstbesprechungen und klare schriftliche Dokumentationen erfolgen. Eine klar formulierte Stellenbeschreibung seitens der Trägerschaft ist hier sehr hilfreich.

Die Transparenz in den Zuständigkeiten der stellvertretenden Leitung ist von entscheidender Bedeutung für den Erfolg einer Kindertagesstätte. Sie schafft Vertrauen, erleichtert die Zusammenarbeit im Team und ermöglicht es, die vielfältigen Aufgaben effektiv zu bewältigen.

3.5 Kommunikation im Team unterstützen

In der Rolle der stellvertretenden Leitung einer Kindertagesstätte ist die Fähigkeit zur effektiven Kommunikation von grundlegender Bedeutung. Eine reibungslose Kommunikation bildet das Fundament für eine erfolgreiche Zusammenarbeit mit Leitung und Team. Dies hat direkten Einfluss auf die Qualität der Betreuung und Bildung, die den Kindern in der Einrichtung zuteilwird.

Effektive Kommunikation ist jedoch weit mehr als nur das Übermitteln von Informationen. Sie beinhaltet auch das Verstehen der Bedürfnisse und Perspektiven aller Teammitglieder sowie die Fähigkeit, empathisch zuzuhören und konstruktiv auf Rückmeldungen und Anliegen zu reagieren.

Durch das Verständnis der Grundsätze und Bedeutung effektiver Kommunikation werden stellvertretende Leitungen in die Lage versetzt, die Rolle der Kommunikationsvermittler im Team besser auszufüllen und so zu einer positiven Entwicklung der Kita beizutragen.

Informationen weitergeben

Die stellvertretende Leitung erhält viele Informationen von allen Seiten: Eltern, Teammitgliedern und Leitung. Da ist es nicht immer ganz einfach, den Überblick zu bewahren, um abzuschätzen, wann und wie was an wen weitergegeben werden sollte.

In der direkten Kommunikation zwischen Leitung und stellvertretender Leitung wurde ja bereits in Kapitel 3.3 das Leitungsbuch in Papierform oder als digitalisierte Variante als hilfreich benannt. Eine ähnliche Unterstützung kann in der Teamkommunikation ein sogenanntes Teaminformationsbuch sein.

Abbildung 14: Zusammenarbeit im Team

Auch hier gibt es neben der klassischen Papierform mittlerweile diverse Apps, die eine solche Möglichkeit anbieten. Hier werden die Informationen und Absprachen festgehalten, die für alle Teammitglieder gleichermaßen relevant und wichtig sind. Jedes Teammitglied trägt die Verantwortung, sich diese Informationen einzuholen und gegebenenfalls bei Unklarheiten beim Leitungsteam nachzufragen. Dieses Vorgehen entlastet Leitung und stellvertretende Leitung, da sie auf diese Weise zum Einen niemanden vergessen können und sich zum anderen auf die direkte Ansprache einzelner konzentrieren können, wo dies im Einzelfall notwendig ist.

Ohne ein solches Vorgehen gibt es verschiedene Kommunikationsstrukturen, die für die stellvertretende Leitung mehr oder weniger effizient sind (vgl. Przybilla/Rossmeissl, 2023):

- Die stellvertretende Leitung gibt die Informationen zentral an alle Teammitglieder weiter. Der Vorteil besteht darin, dass alle gleichzeitig die gleichen Informationen bekommen. Nachteil ist, dass das Prinzip, sobald Einzelne fehlen, nicht mehr aufgeht. Zusätzlich werden die Teammitglieder zu reinen Informationsempfänger:innen, ohne Notwendigkeit, den Informationsfluss selbst mit anzustoßen oder aufrechtzuerhalten.

- Eine ähnliche, aber wesentlich aufwendigere Variante ist, dass die stellvertretende Leitung als zentrale:r Informand:in jedes einzelne Teammitglied persönlich informiert.
  Angestoßen von Leitung oder stellvertretender Leitung werden die Informationen von Person zu Person weitergegeben. Nicht selten geschieht dies in einer hierarchischen Reihenfolge. Dies kostet das Leitungsteam viel weniger Zeit, birgt jedoch die Gefahr, dass Informationen weggelassen oder verfälscht werden.
- Ganz ähnlich funktioniert die Informationsweitergabe in einer festgelegten Reihenfolge, bei der die zuletzt informierte Person die bei ihr angekommene Information an das aussendende Leitungsteam zurückkoppelt. Damit wird kontrollierbar, ob die Informationen vollständig weitergegeben wurden.
- Schließlich gibt es noch Kommunikationsstrukturen, in denen alle miteinander kommunizieren. Es entsteht ein Kommunikationsnetzwerk, in dem Informationen untereinander ausgetauscht werden. Es überwiegt ein partizipatives Miteinander im Team, was im Einzelfall gerade bei größeren Teams in einer chaotischen und dysfunktionalen Kommunikation enden kann.

Kommunikationswege im Team
Nehmen Sie sich einmal ein paar Minuten Zeit und reflektieren Sie, welche der hier vorgestellten Kommunikationswege in Ihrem Team überwiegen. Gibt es Situationen, in denen Sie auf andere Wege zurückgreifen? Was hat sich bewährt? Wann stoßen Sie mit dem gewählten Weg an Grenzen? Was gilt es in welcher Situation zu verändern?

Kommunikationsstil erkennen, benennen und einüben

Neben dem gewählten Kommunikationsweg nimmt auch der von der stellvertretenden Leitung gewählte Kommunikationsstil Einfluss auf die allgemeine Kommunikationskultur im Leitungstandem und im Team.

In der Regel sind pädagogische Fachkräfte diesbezüglich umfangreich geschult. Grundregeln wie Man-Sätze und das »täterlose Passiv« zu vermeiden, Wir-Sätze zu reduzieren, Ich-Botschaften zu bevorzugen, zu entscheiden, wann das aktive oder passive Zuhören zielführender ist, und Feedback-Regeln sind bekannt. Trotzdem bedarf es im allgemeinen Miteinander immer wieder der Übung, damit Einzelne nicht in alte Kommunikationsmuster zurückfallen.

Gerade als stellvertretende Leitung ist es daher sehr sinnvoll, den eigenen Kommunikationsstil immer wieder zu reflektieren, zu überprüfen und weiterzuentwickeln.

Eigene Kommunikationsstile erkennen
Beobachten Sie einmal einen ganzen Tag lang ganz gezielt Ihren Kommunikationsstil im Umgang mit den Teammitgliedern:
- Wie oft ertappen Sie sich dabei, Man-Sätze beziehungsweise Passiv-Sätze wie beispielsweise »Man müsste mal wieder den Abstellraum aufräumen« oder »Das Gartenhaus müsste mal aufgeräumt werden« zu benutzen, durch die sich niemand konkret angesprochen fühlt?
- Wie oft sprechen Sie von »Wir«, wo eigentlich eine Ich-Botschaft hingehört?
- Wann senden Sie eine Du-Botschaft, wo eine Ich-Botschaft zielführender gewesen wäre?
- Wann haben Sie angemessen passiv zugehört, weil ein Teammitglied sich etwas nur von der Seele reden wollte?
- Wann haben Sie durch Paraphrasierung[1] oder Verbalisierung[2] aktives Zuhören zum Ausdruck gebracht?

Welche Erkenntnisse ziehen Sie aus dieser Reflexion? Was bedeutet das für Ihre Rolle als stellvertretende Leitung? Wo brauchen Sie noch Hilfe und Unterstützung, gegebenenfalls durch Weiterbildungen?

Feedback annehmen und geben

Im besten Fall herrscht im Team eine konstruktive Feedback-Kultur, in der es üblich ist, sich gegenseitig positive und negative Rückmeldung zur pädagogischen Arbeit mit den Kindern und Familien und zum Umgang miteinander im Team zu geben.

---

1 Beim Paraphrasieren wird die Sachaussage des Gegenübers mit eigenen Worten wiedergegeben. Das dient der Rückversicherung, die:den anderen richtig verstanden zu haben: »Du schlägst also vor, das Angebot heute ausfallen zu lassen?«

2 Hier wird der emotionale Aspekt einer Aussage in Worte gefasst, um zu einer möglichst zufriedenstellenden Interpretation zu kommen. Beispielsweise: »Wenn ich dich richtig verstehe, bist du wütend, weil deine Kollegin dich deiner Meinung nach vergessen hat, zu informieren?«

Ein Feedback sollte immer zeitnah, entweder im Vier-Augen-Gespräch oder im Team stattfinden. Im besten Fall findet dies dann im Rahmen eines spontan genehmigten Feedbacks statt, bei dem die oder der Feedback-Nehmende gefragt wird, ob die oder der Feedback-Gebende überhaupt Feedback geben darf. Erst und nur wenn dies bejaht wird, gibt die Feedback gebende Person ihr Feedback. Das kann zum Beispiel wie folgt klingen: »Darf ich dir zu ... eine Rückmeldung geben?« Oder: »Ich habe ein paar Gedanken dazu, wie du das nächste Mal anders in der Situation reagieren könntest. Wärst du an den Ideen interessiert?« Oder: »Magst du hören, was ich an deinem Verhalten gerade richtig toll fand?«

Das spontane, genehmigte Feedback stellt sicher, dass das Feedback zu einem Zeitpunkt gegeben wird, an dem die betreffende Person offen dafür ist.

Unabhängig davon, ob das Feedback positiv oder eher kritisch ausfällt, ist es wichtig, das beobachtete Verhalten möglichst genau zu beschreiben, ohne den oder die Gesprächspartner:in zu verurteilen oder zu bewerten. Der oder die Feedback-Nehmer:in hört dann erst zu und stellt im Anschluss gegebenenfalls Rückfragen. Gemeinsam wird anschließend nach Bedarf eine Lösung erarbeitet. Im Falle eines positiven Feedbacks erhält die oder der Feedbacknehmende die Gelegenheit, sich dafür zu bedanken.

Die Sag-es-Methode

Eine Möglichkeit, um auch in kritischen Situationen konstruktiv Feedback zu geben, bietet der Gesprächsleitfaden der sogenannten Sag-es-Methode nach Thomas Schmidt (2011).

Sichtweise schildern
»Mir ist aufgefallen, dass ...«

Auswirkungen beschreiben
»Für mich bedeutet das ...«

Gefühle benennen
»Ich fühle mich ...«

Erfragen, wie der:die andere die Situation sieht
»Wie siehst du das?«

Schlussfolgerungen ziehen
»Ich wünsche mir ...«

Im Allgemeinen ist für eine gute Feedback-Kultur auch eine gewisse Fehlerkultur erforderlich. Es braucht ein Team, in dem Fehler gemacht werden dürfen und offen damit umgegangen wird. Diese positive Fehlerkultur zeichnet sich dadurch aus, dass ein Fehler nicht als Versäumnis einer einzelnen Person gewertet wird, um die Schuldfrage damit zu klären. Eher geht es darum, für Fehler die Verantwortung zu übernehmen und nach Lösungen zu suchen. Fehler werden so zu Helfern und bieten die Chance zur Weiterentwicklung.[3]

Abbildung 15: Aus Fehlern werden Helfer

3 Ein Klassiker unter den Feedbackmethoden ist die sogenannte Sandwichmethode, die m. E. mittlerweile überholt ist. Hierbei wird jede Kritik mit zwei Komplimenten verpackt. So steigt die oder der Feedback-Gebende zunächst mit einem positiven Aspekt ein, bringt dann die Kritik an und äußert zum Schluss noch ein weiteres Kompliment. Die Idee dahinter ist nachvollziehbar: Es geht darum, das Feedback positiver bzw. leichter verträglich zu gestalten. Das Problematische an dieser Methode ist, dass immer ein kritisches Verhalten der Auslöser für Feedback ist. Es sollte im Team immer auch Raum für positives Feedback geben. Zudem werden Komplimente hier abgewertet. Komplimente werden durch die Methode zum Signal dafür, dass ein dicker Kritikpunkt ansteht. Außerdem unterstellt diese Methode der oder dem Feedback-Nehmenden eine gewisse Unreife. Ihr bzw. ihm wird signalisiert, dass er:sie damit nur umgehen kann, wenn die Kritik einfühlsam verpackt ist.

Die positive Fehlerkultur

Eine positive Fehlerkultur, in der Fehler zu Helfern werden können, umfasst folgende Regeln:

- Fehler können jederzeit passieren. Nur wer untätig ist, macht keine Fehler.
- Nicht jeder Fehler ist ein Fehler. Manchmal handelt es sich um einen Versuch, Irrtum, ein Missgeschick, Versehen o. ä.
- Niemand wird für einen Fehler bestraft.
- Wer einen Fehler bei einer bzw. einem anderen anspricht, ist ein:e Helfer:in, kein:e Feind:in.
- Die Ursachen für Fehler gilt es, zu erkennen und möglichst abzustellen.
- Der- oder diejenige, der:die den Fehler entdeckt, wird nicht automatisch damit beauftragt, den Fehler zu beheben. Dieses automatisierte »Kümmern Sie sich darum« kann dazu führen, dass diese Mitarbeitenden die Lust verlieren, weitere Fehler aufzudecken, weil dann immer die Arbeit an ihnen hängen bleibt.
- Auch Führungskräfte und demzufolge auch stellvertretende Leitungen können Fehler machen. Wichtig ist, dass sie dazu stehen.
- Es zeugt von Professionalität, eigene Fehler einzugestehen.

(vgl. von Langen, 2023)

KitaTalks auf YouTube zur Vertiefung

Keine Angst vor Tabus – wie wir eine gute Feedback-Kultur im Team entwickeln

In diesem Podcast erläutert Hergen Sasse, wie ein Team eine konstruktive Feedback-Kultur entwickeln kann und warum das für die Zusammenarbeit so wichtig und wertvoll ist.

Dauer: 37:41 Minuten.

Als stellvertretende Leitung sollten Sie immer darauf achten, aus welcher Position heraus Sie ein Feedback geben. Befinden Sie sich gerade in der Rolle des bzw. der Arbeitskolleg:in, in der Sie in der Hierarchie auf derselben Ebene stehen, oder stehen sich unterschiedliche Positionen (stellvertretende Leitung und Mitarbeitende) gegenüber?

Es spielt immer eine Rolle, wie und mit welcher Selbstverständlichkeit ein Feedback formuliert wird und wie es von den Empfangenden angenommen wird.

Reflexion der Ebene der bzw. des Feedback-Gebenden
Reflektieren Sie, wann Sie wem aus welcher Rolle heraus Feedback geben. Sprechen Sie als Kolleg:in oder als stellvertretende Leitung? Wie transparent ist dies für Ihr jeweiliges Gegenüber?

Als stellvertretende Leitung sollten Sie nie vergessen, dass Ihr Feedback von Ihrem Gegenüber nicht angenommen werden muss. Sie sollten sich dessen bewusst sein, dass Ihr Feedback lediglich ein Angebot ist. Dies zeigt, dass auch die oder der Empfangende eine offene Haltung braucht, damit das Feedback überhaupt bei der Person ankommen kann.

Dazu kann es für Sie hilfreich sein, darüber nachzudenken, wann die passende Zeit für das Feedback ist. Als feedbackgebende Person sollten Sie sich bewusst machen, dass Sie Ihr Gegenüber nicht verändern können, wenn es das nicht möchte. Als stellvertretende Leitung kommen Sie jedoch nicht darum herum, eine ausgeprägte Feedback-Kultur zu pflegen. Sie sind dazu verpflichtet, Ihre eigene Sicht offen darzustellen und die eigenen Bedürfnisse und Wünsche klar zu äußern. Nicht selten brauchen Sie dazu Mut und Entschlossenheit. Ihre eigene innere Klarheit darüber, was die Absicht eines Feedbacks ist und wozu die Rückmeldung beitragen soll, kann dabei sehr hilfreich sein.

Missverständnisse verstehen lernen

Fast nichts ist für die Zusammenarbeit mit dem Team so essenziell wie eine gute Kommunikation. Gerade als stellvertretende Leitung ist in diesem Bereich viel Fingerspitzengefühl erforderlich, um auf einer konstruktiven Ebene mit Leitung und Team in Verbindung zu treten. Erfahrungsgemäß entstehen aus einer fehlerhaften Kommunikation nicht selten Missverständnisse und Konflikte.

Eine stellvertretende Leitung sollte auf jeden Fall mit den wesentlichen Kommunikationsmodellen wie beispielsweise dem »Vier-Seiten-Modell« von Schulz von Thun, den fünf Axiomen von Paul Watzlawick, dem Eisberg-Modell, der Transaktionsanalyse, dem Riemann-Thomann-Modell, der Gewaltfreien Kommunikation und den Kommunikationsregeln nach Ruth C. Cohn in den Grundzügen vertraut sein.

Das Vier-Seiten-Modell nach Friedemann Schulz von Thun

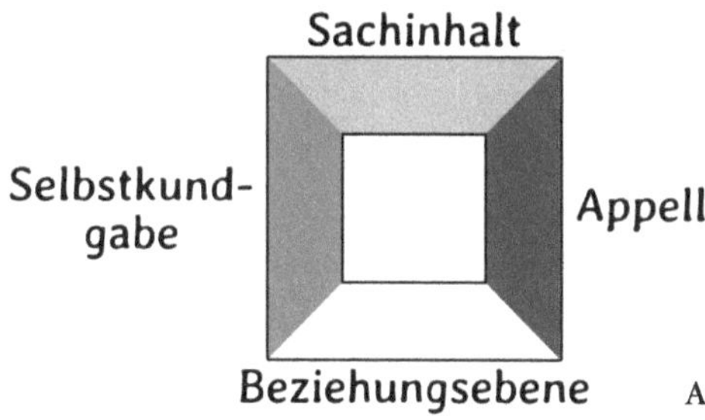

Abbildung 16: Das Vier-Seiten-Modell

Das Vier-Seiten-Kommunikationsmodell von Schulz von Thun ist ein hilfreiches Instrument, um die verschiedenen Ebenen der Kommunikation in der Kita-Umgebung zu verstehen und zu verbessern (vgl. Przybilla/Rossmeissl, 2023).

Dieses Modell besteht aus den vier Seiten bzw. Aspekten einer Botschaft:

1. *Sachinhalt:* Dies ist die offensichtliche Information oder der Inhalt einer Nachricht. In der Kita könnten dies beispielsweise pädagogische Konzepte, Regeln oder organisatorische Informationen sein.
2. *Selbstoffenbarung:* Hier drückt die sendende Person die eigenen Gefühle, Meinungen und Gedanken aus. Stellvertretende Leitungen sollten sich bewusst sein, wie ihre eigenen Emotionen und Einstellungen ihre Kommunikation beeinflussen können.
3. *Beziehungsebene:* Diese Ebene bezieht sich auf die Art und Weise, wie die Botschaft die Beziehung zwischen Sender:in und Empfänger:in beeinflusst. In der Kita ist es wichtig, eine unterstützende und respektvolle Beziehung zu Kolleg:innen, Eltern und Kindern aufrechtzuerhalten.
4. *Appell:* Hierbei handelt es sich um die beabsichtigte Handlung oder die Aufforderung, die in der Nachricht enthalten ist. In der Kita können dies Anweisungen an Mitarbeiter:innen, Eltern oder Kinder sein.

Stellvertretenden Leitungen in der Kita sollte klar sein, wie diese vier Seiten in ihrer Kommunikation mitschwingen. Ein:e effektive:r Kommunikator:in berücksichtigt nicht nur den Sachinhalt, sondern auch die Selbstoffenbarung, die Beziehungsebene und den Appell, um klare und respektvolle Botschaften zu senden und zu empfangen. Außerdem weiß sie bzw. er darum, dass das jeweilige Gegenüber die einzelne Botschaft auch unter diesen vier Aspekten sendet und empfängt. Dies als stellvertretende Leitung zu wissen und danach zu handeln, fördert eine positive Arbeitsumgebung und unterstützt die pädagogische Arbeit in der Kita.

Die fünf Axiome nach Paul Watzlawick

Für die Professionalität der stellvertretenden Leitung bilden die fünf Axiome von Paul Watzlawick unersetzliche Säulen der Kommunikation. Diese Axiome eröffnen eine tiefgehende Perspektive auf die Komplexität der zwischenmenschlichen Interaktion in der Kindertagesstätte. Sie unterstreichen die Unausweichlichkeit von Kommunikation, die dualen Aspekte von Inhalt und Beziehung, das Zusammenspiel von Ursache und Wirkung, die vielfältigen Kanäle der verbalen und nonverbalen Kommunikation sowie die Wechselwirkungen zwischen symmetrischen und komplementären Beziehungen in der Wahrnehmung von Kommunikation. Dieses Verständnis ist von entscheidender Bedeutung, um effektive und respektvolle Beziehungen innerhalb des Teams, gegenüber der Kinder und ihren Familien aufzubauen und zu pflegen.

Die fünf Axiome lauten im Einzelnen (vgl. Przybilla/Rossmeissl, 2023):

1. Man kann nicht *nicht* kommunizieren.
2. Jede Kommunikation hat einen Inhalts- und einen Beziehungsaspekt, wobei letzterer den ersteren bestimmt.
3. Kommunikation ist immer Ursache und Wirkung.
4. Kommunikation verläuft immer sowohl analog (nonverbal) als auch digital (verbal).
5. Kommunikation ist symmetrisch (auf Augenhöhe) oder komplementär (hierarchisch).

Das Eisberg-Modell

Kommunikation ist weit mehr als nur das gesprochene Wort. Ein tiefgehendes Verständnis für die verborgenen Dimensionen der Kommunikation ist von entscheidender Bedeutung, um effektive Beziehungen aufzubauen, Konflikte zu bewältigen und die pädagogische Arbeit in der Kita zu optimieren.

Hier kommt das Eisberg-Modell ins Spiel. Das Eisberg-Modell, ausgehend von Sigmund Freuds Darstellung von *Ich, Es* und *Über-Ich,* wurde später von vielen anderen erweitert. Es bietet eine anschauliche Metapher für die verschiedenen Ebenen der Kommunikation. Ähnlich wie bei einem Eisberg, bei dem nur ein kleiner Teil über der Wasseroberfläche sichtbar ist, gibt es in der Kommunikation offensichtliche und verborgene Aspekte.

Abbildung 17: Das Eisbergmodell

Die oberste Ebene des Eisbergs repräsentiert die bewusste Kommunikation. Dies sind die Worte, Gesten und Handlungen, die wir bewusst wählen, um Informationen zu vermitteln, und die für andere hör- und sichtbar sind. Darunter verbirgt sich die Ebene der Emotionen und Gefühle. Diese sind nicht direkt sichtbar, aber sie beeinflussen maßgeblich die Art und Weise, wie wir kommunizieren. Stellvertretende Leitungen sollten sich verdeutlichen, dass Emotionen wie Frustration, Ängste oder Freude den Kommunikationsprozess in der Interaktion mit Kolleg:innen, Eltern oder Kindern beeinflussen. Die tiefste Ebene des Eisbergs repräsentiert die individuellen Werte, Überzeugungen und Lebenserfahrungen. Diese sind in der Regel vollständig verborgen und bilden den Hintergrund, vor dem jede Kommunikation stattfindet. Es ist wichtig, zu erkennen, dass diese persönlichen Hintergründe unsere Wahrnehmung und Interpretation von Nachrichten stark beeinflussen.

Für stellvertretende Leitungen in der Kita ist es entscheidend, das Eisberg-Modell in der Kommunikation zu verstehen und anzuwenden. Dies ermöglicht eine tiefere Einsicht in die Bedürfnisse und Perspektiven aller Beteiligten und fördert eine effektive, empathische Kommunikation. Es hilft auch dabei, Konflikte zu lösen, indem man nicht nur auf die oberflächlichen Argumente, sondern auch auf die zugrunde liegenden Emotionen und Werte achtet (vgl. Przybilla/ Rossmeissl, 2023).

Das Riemann-Thomann-Modell

Das Riemann-Thomann-Modell basiert auf den Erkenntnissen der Psychologen Fritz Riemann und Christoph Thomann. Hier wird von vier komplementären Grundbedürfnissen bzw. Grundbestrebungen eines Menschen ausgegangen:

- *Bedürfnis nach Nähe* – die Mitarbeitenden sind im hohen Maße teamfähig, empathisch, rücksichtsvoll, hilfsbereit, kontaktfreudig und kommunikativ.
- *Bedürfnis nach Distanz* – hier stehen Freiheit und Eigenständigkeit im Denken und Handeln im Vordergrund. Mitarbeitende bevorzugen sachliche Argumente, rationales Denken und logisches Vorgehen.
- *Bedürfnis nach Dauer* – die Mitarbeitenden legen großen Wert auf klare Strukturen, Routinen und wiederkehrende Muster. Bekannte Abläufe und die Komfortzone sind für sie wichtige Pfeiler. Zuverlässigkeit, Pünktlichkeit, Planung und Beständigkeit sind besonders wichtig.
- *Bedürfnis nach Wandel* – Menschen mit diesem Bedürfnis sind äußerst spontan, kreativ, risikofreudig und auch temperamentvoll. Zudem sind sie sehr neugierig und würden am liebsten alles ausprobieren.

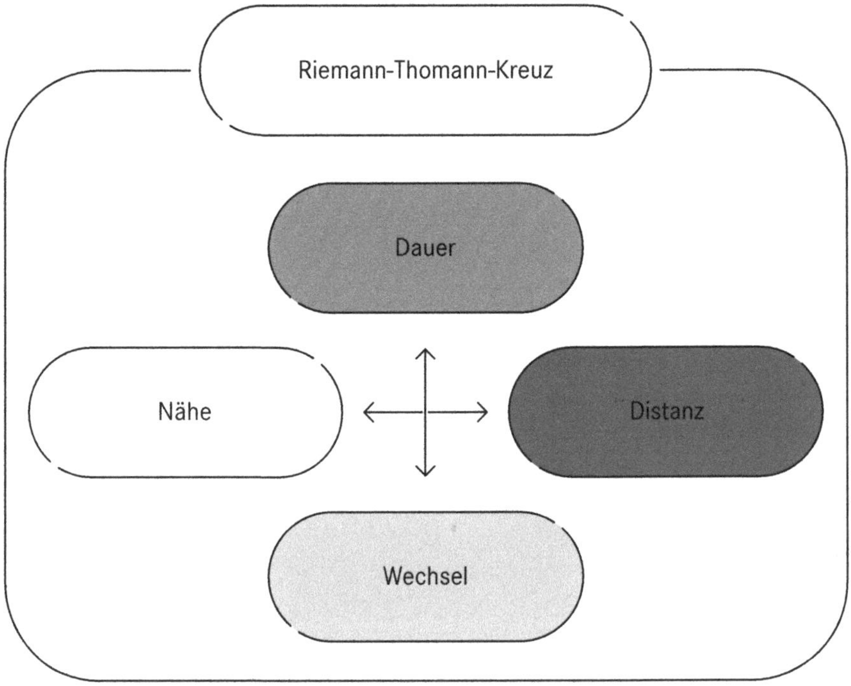

Abbildung 18: Das Riemann-Thomann-Modell

Jeder Mensch trägt grundsätzlich all diese Bedürfnisse und Bestrebungen in sich, jedoch mit unterschiedlicher Gewichtung. Abhängig davon, welches Grundbedürfnis oder welche Kombination gerade besonders stark ausgeprägt ist, werden damit Entscheidungen und Verhaltensweisen eines Menschen erklärbar und nachvollziehbar (vgl. Mai, 2021).

Mit dem Wissen um die Bedürfnisse, aus denen einzelne Mitarbeitenden heraus agieren und kommunizieren, können Sie als stellvertretende Leitung ableiten, wie es der Person in den unterschiedlichen Situationen geht und was sie von Ihnen als Gesprächspartner:in braucht.

Es lohnt sich auf jeden Fall, immer mal wieder selbst zu reflektieren, welches Bedürfnis bei Ihnen gerade im Vordergrund steht, um dies klarer und nachvollziehbarer ansprechen zu können.

Stellt sich bei dieser Analyse heraus, dass Ihr:e Gesprächspartner:in und Sie gegensätzlich in Ihren Bedürfnissen sind, sie zum Beispiel eher kontaktfreudig und aufgeschlossen sind (Bedürfnis nach Nähe), Ihr Gegenüber jedoch eher sachlich und rationaler (Bedürfnis nach Distanz), wird es wichtig, dies offen zu kommunizieren, um einen gemeinsamen Weg entwickeln zu können.

Die Transaktionsanalyse

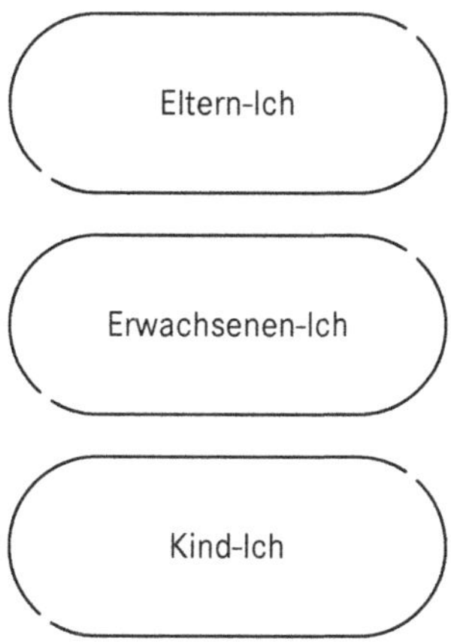

Abbildung 19: Die Ich-Zustände

Die Transaktionsanalyse geht auf den Psychiater Eric Berne zurück und beschreibt, was in einem selbst, in anderen und während des Kommunizierens vor sich geht. Mithilfe der Transaktionsanalyse wird menschliches Miteinander sichtbar und verstehbar.

Die Transaktionsanalyse (TA) setzt sich aus verschiedenen Bausteinen und Grundannahmen zusammen (vgl. Taglieber/Reabricht, 2023a).

1. Drei Ich-Zustände

Die Interaktionsanalyse unterscheidet zwischen drei Ich-Zuständen.

- *Eltern-Ich-Zustand:* Hier denkt, fühlt und verhält sich eine Person so, wie es ihre nahestehenden Bezugspersonen in der Kindheit getan haben. Hier sind Beurteilungen, Normen und Werte gespeichert.
- *Erwachsenen-Ich-Zustand:* Hier denkt, fühlt und verhält sich die Person der jeweiligen Situation angemessen. Sie agiert logisch, reflektiert und im Hier und Jetzt. Sie ist im guten Kontakt zu ihren Ressourcen und kann auf viele Handlungsoptionen zurückgreifen.
- *Kind-Ich-Zustand:* Hier denkt, fühlt und verhält sich jemand so, wie sie bzw. er es als Kind getan hat. Dieses Kind-Ich ist nicht selten durch Gefühle, Kreativität und Spontanität bestimmt.

Zu wissen, in welchem Ich-Zustand Sie selbst und Ihr Gegenüber sich gerade befinden, kann Sie unterstützen, angemessener auf eine Situation zu reagieren. Es kann auch dabei helfen, selbst Maßnahmen der Selbstregulation zu ergreifen, um in einen anderen Zustand zu kommen (vgl. Taglieber/Reabricht, 2023b).

2. Transaktionen

Mit diesem Baustein wird verdeutlicht, was passiert, wenn zwei Menschen miteinander kommunizieren. Das Wissen darum kann dabei helfen, Streit zu vermeiden, Manipulationen aufzudecken und ein Gespräch, das aus dem Ruder zu laufen droht, wieder einzufangen.

Transaktionen finden immer dann statt, wenn ein Mensch mit einem anderen in Kontakt tritt *(Stimulus)* und die bzw. der andere darauf reagiert *(Reaktion)*. In der Kommunikation geschieht dies fortlaufend.

Während dieser Transaktionen können sich die Gesprächspartner:innen in unterschiedlichen und von einem Moment zum anderen wechselnden Ich-Zuständen befinden. Erinnerungen und Erlebnisse rufen die unterschiedlichsten Ich-Zustände in einer Person wach. Die Transaktionsanalyse beschreibt, wie die jeweilige Wahrnehmung einer Person durch die verschiedenen Ich-Zustände verändert wird. Ebenso werden dadurch Rückschlüsse auf die psychischen Vorgänge und auf die Beziehungsgestaltung möglich.

Ausgehend von den formulierten Ich-Zuständen, die bei einer Kommunikation aufeinandertreffen, gibt es nun verschiedene Formen von Transaktionen, die Aufschluss darüber geben, wie die einzelnen Personen gerade miteinander kommunizieren (vgl. Taglieber/Reabricht, 2023c).

Komplementär-Transaktionen (oder auch Parallele Transaktionen)

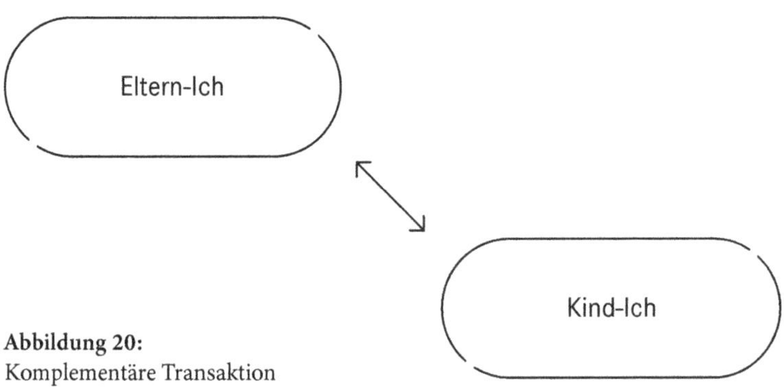

Abbildung 20:
Komplementäre Transaktion

Diese Form liegt immer dann vor, wenn die Pfeile für Senden und Reagieren parallel verlaufen. Das bedeutet, der bzw. die Gesprächspartner:in antwortet aus dem angesprochenen Ich-Zustand.

Parallele Transaktionen können auch zwischen allen Ich-Zuständen stattfinden, zum Beispiel zwischen dem Eltern-Ich (EL-Ich) und dem Kind-Ich (K-Ich).

Nicht-Komplementäre-Transaktionen
(auch Überkreuz- oder Gekreuzte Transaktionen)

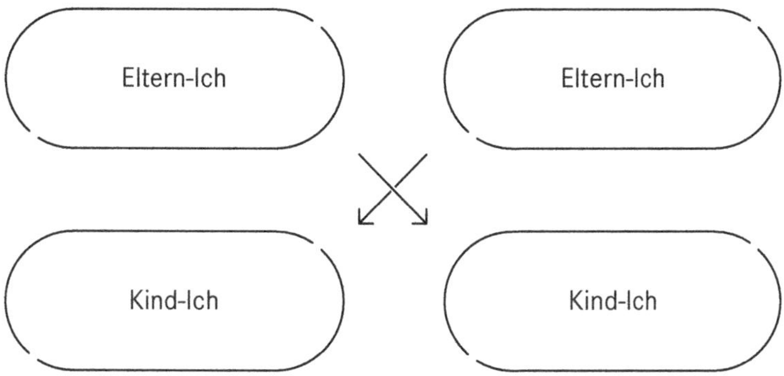

Abbildung 21: Gekreuzte Transaktionen

Hier adressiert die sendende Person an einen bestimmten Ich-Zustand der empfangenen Person (z. B. das Erwachsenen-Ich). Die Reaktion kommt jedoch aus einem anderen Ich-Zustand (z. B. dem Eltern-Ich).

Durch diese Überkreuztransaktion kommt es zu einer Störung oder Unterbrechung in der Kommunikation. Wenn sich die Gesprächspartner:innen im weiteren Gesprächsverlauf nicht wieder auf eine parallele Transaktion einigen können, kann es zu einem ausgewachsenen Konflikt kommen.

Verdeckte Transaktionen (auch Duplex-Transaktionen)
Bei diesen Transaktionen werden zwei Botschaften übermittelt: eine offene auf der sogenannten sozialen Ebene und eine verdeckte auf der psychologischen Ebene.

So kann zum Beispiel in einem Gespräch ausgehend von der Frage und Antwort auf der Sachebene vordergründig von Erwachsenen-Ich (ER) zu Erwachsenen-Ich (ER) agiert werden. Dies wäre die offene bzw. soziale Ebene. Die verdeckte oder auch psychologische Ebene findet sich in der Art und Weise, wie etwas gefragt bzw. geantwortet wird, wieder. Offiziell hat dann die eine Anfrage auf der ER-ER-Ebene stattgefunden. Doch inoffiziell oder verdeckt fand zum Beispiel eine Eltern-Ich und Kind-Ich Transaktion statt.

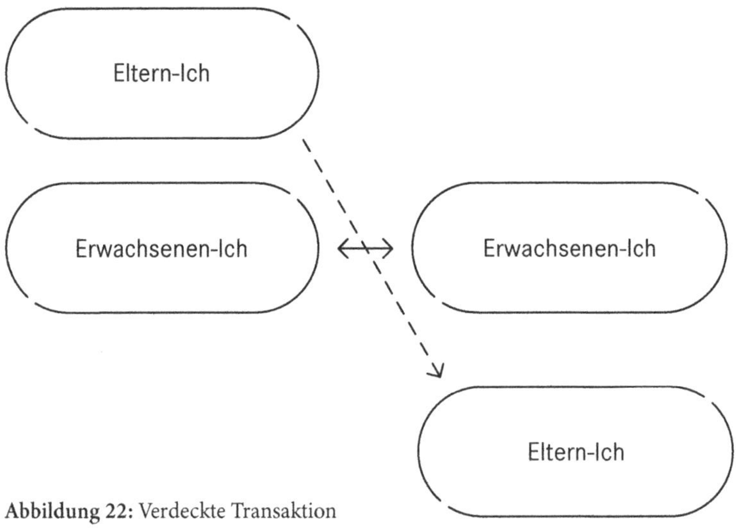

Abbildung 22: Verdeckte Transaktion

Aus den Erkenntnissen zu den verschiedenen Transaktionsformen lassen sich im Kern folgende *Kommunikationsregeln* ableiten:

- Solange die Transaktionen parallel verlaufen, kann eine Kommunikation unbegrenzt weitergehen.
- Eine Überkreuztransaktion bedeutet immer eine Störung in der Kommunikation. Soll diese behoben werden, muss eine:r oder müssen beide den Ich-Zustand wechseln.
- Die Entscheidung über das weitere Verhalten im Gesprächsverlauf findet auf der psychologischen Ebene statt, nicht auf der sozialen. Dafür ist es wichtig, sich die soziale und die psychologische Ebene bewusst zu machen.

Reflektieren Sie regelmäßig, wenn die Kommunikation mit anderen ins Stocken gerät, woran es gerade bei Ihnen oder Ihrem Gegenüber liegen könnte.

3. Ausdruck psychologischer Grundbedürfnisse

Ähnlich wie beim Eisberg-Modell oder Riemann-Thomann-Modell geht Berne davon aus, dass die Kommunikation durch die psychologischen Grundbedürfnisse der Gesprächspartner:innen beeinflusst wird. Er definiert hierbei das Bedürfnis nach Autonomie als Ideal, welches die Interaktionspartner:innen durch ein mehr an Spontanität, Intimität und Bewusstheit weiterentwickeln können (vgl. Taglieber/Reabricht, 2023d).

Behalten Sie in der Kommunikation Ihr Bedürfnis nach Autonomie bzw. das Ihres Gegenübers mit im Blick.

4. Lebensskript als Drehbuch des Lebens

Eric Berne nannte verschiedene Dinge, die den Verlauf eines Lebens beeinflussen: das Erbgut, äußere Einflüsse, autonome Entscheidungen und das Lebensskript. Dieses Lebensskript ist ein unbewusster Lebensentwurf oder Lebensplan, der in der Kindheit geprägt und im späteren Leben immer weiter ausgeformt und verstärkt wird, bis er am Lebensende mehr oder weniger zur Erfüllung kommt.

Dieser Lebensplan kann eine negative, neutrale oder positive Ausprägung haben, gesteuert durch zahlreiche Glaubensgrundsätze (»Das nimmt noch mal ein böses Ende mit mir.« »Alles wird schließlich wieder gut werden.«).

Die Reflexion des Lebensplans stellt ein weiteres wichtiges Herzstück der Transaktionsanalyse dar. Sie ist deshalb so wichtig, weil mit ihrer Hilfe schwerwiegende Entscheidungs- und Verhaltensprobleme und bestimmtes Kommunikationsverhalten von Menschen erklärbar werden. Wenn ein Mensch sich, oberflächlich betrachtet, scheinbar zu seinem Nachteil verhält und immer wieder nach einem bestimmten Muster reagiert, kann man davon ausgehen, dass er dies aufgrund seines Skripts tut (vgl. Taglieber/Reabricht, 2023e). Für mich kommt hier die biografische Selbstreflexion als wichtiges Handwerkszeug einer jeden pädagogischen Fachkraft mit ins Spiel (Wedewardt/Cantzler, 2022a; Wedewardt/Cantzler, 2022b). Diese Auseinandersetzung mit sich selbst und seiner eigenen Biografie dient der Professionalisierung, die gerade in einer Leitungsfunktion wie der stellvertretenden Leitung sehr wertvoll und hilfreich ist.

5. Psychologische Spiele

Diese psychologische Spiele beschreiben ein unbewusstes Kommunikationsmuster, an dessen Ende bei mindestens einem bzw. einer Kommunikationspartner:in unangenehme Gefühle entstehen. Mit diesen Spielen werden die Bedürfnisse der Beteiligten mit gewohnten, aber überholten Strategien aus der Kindheit erfüllt. Die einzelnen Kommunikationspartner:innen versuchen dadurch beispielsweise, positive oder negative Aufmerksamkeit zu erhalten, unangenehme Situationen zu vermeiden oder keine Verantwortung übernehmen zu müssen.

Glücklicherweise verrät die Transaktionsanalyse auch, wie diese psychologischen Spiele vermeidbar sind. Zunächst sollten Sie gar nicht erst auf die Ihnen angebotene Spieleinladung eingehen, wenn zum Beispiel ein:e ratsuchende:r Kolleg:in auf jede Idee von Ihnen mit »Ja, aber ...« reagiert. Fragen Sie Ihr Gegenüber nach seinem echten Bedürfnis: »Was möchtest du jetzt von mir?«

Hilfreich kann es auch sein, die eigenen Stolpersteine gut zu kennen. Beipsielsweise wann Sie dazu neigen, sich auf diese Spiele einzulassen. Machen Sie sich mit dem Dramadreieck[4] vertraut und finden Sie heraus, in welchen Situationen und bei welchen Personen Sie als Retter:in, Opfer oder Verfolger:in agieren. Achten Sie bewusst auf Situationen, in denen Sie selbst psychologische Spiele auslösen oder mitspielen. Das erkennen Sie meistens daran, dass Sie sich währenddessen oder im Nachhinein unwohl fühlen.

Tun Sie immer nur das, was Sie selbst tun wollen. Stellen Sie sich die Frage: »Was will *ich* jetzt in diesem Augenblick?« Merken Sie sich: Die beste Art, diese Spiele zu unterbrechen, ist seine eigenen Ziele zu verfolgen (Taglieber/Reabricht, 2023f).

6. Umgang mit Gefühlen

Nicht immer zeigen Menschen in einer Situation ihre echten Gefühle. Der Ursprung hierzu ist in der Kindheit zu finden. In vielen Familien gibt es erwünschte Gefühle und solche, die unerwünscht oder gar verboten sind. Kinder orientieren sich an diesen Vorgaben, die von ihren engsten Beziehungspersonen ausgehen, und passen ihre Gefühlswelt entsprechend an. Die Kinder ersetzen verbotene Gefühle durch erlaubte Ersatzgefühle. Diese Ersatzgefühle überdecken dann das eigentliche Gefühl. Mit der Zeit wird dies für die einzelne Person zu einer Masche, um die wahren Gefühle nicht preiszugeben. Die Transaktionsanalyse spricht hier von sogenannten »Maschengefühlen«. Diese sind oftmals für das Gegenüber irritierend und in der gegenwärtigen Situation nicht angemessen. Sie tragen nur wenig zur Problemlösung bei. Hilfreich ist es, den Maschengefühlen auf den Grund zu gehen und herauszufinden, welche wirklichen Gefühle dadurch eigentlich zum Ausdruck gebracht werden sollen (vgl. Taglieber/Reabricht, 2023 g).

Wenn Sie die Gefühlsreaktionen einzelner Kolleg:innen befremdlich finden, lohnt es sich demzufolge, nachzuspüren, ob es sich um Ersatzgefühle handeln könnte. Und bei sich selbst sollten Sie immer wieder hinterfragen: Ist mein Gefühl gerade in dieser Situation angemessen und förderlich?

4 Das *Dramadreieck* wurde von dem kalifornischen Psychologen Stephen Karpman entwickelt und ist Teil der Transaktionsanalyse. Das Dramadreieck beschreibt ein sozialpsychologisches Beziehungsmuster zwischen mindestens zwei Personen. Jede dieser Personen nimmt während der (konfliktbehafteten) Interaktion abwechselnd drei Rollen ein: Täter:in (Verfolger:in), Opfer und Retter:in. Die Beteiligten versuchen aus der jeweiligen Rolle Anerkennung und Aufmerksamkeit zu gewinnen. Dies wird für die Einzelnen zum Teufelskreis, den es zu durchbrechen gilt. Mehr zu diesem Thema finden Sie bei Jochen Mai (2023).

7. Passivitätskonzept

Das Passivitätskonzept dient dazu, nicht ins Handeln kommen zu müssen und damit jegliche Lösungsansätze zu verhindern. Wenn Mitarbeitende sich passiv verhalten, dann äußert sich dies beispielsweise im Nichts-Tun, in Überanpassung, in einem gesteigerten Aktionismus, indem die Person sich selbst ausbremst oder sich gewaltsam gegen andere richtet. Das geschieht durch Über- oder Untertreibungen oder auch durch komplettes Ignorieren bzw. Negieren von Tatsachen.

Gründe für diese Verhaltensweisen können darin liegen, dass eine Person mehr oder weniger bewusst bzw. unbewusst das eigene Selbst- und Weltbild aufrechterhalten möchte. Weitere Ursachen können auch einschränkende Glaubenssätze oder das Bedürfnis, bestehende Beziehungen um jeden Preis aufrechtzuerhalten, sein (vgl. Taglieber/Reabricht, 2023h).

Achten Sie als stellvertretende Leitung darauf, wann und in welchen Situationen Mitarbeitende in passive Verhaltensweisen verfallen. Worauf möchte das Verhalten im besten Falle aufmerksam machen? Was versucht der oder die Kolleg:in situations- oder kontextbezogen zu vermeiden?

8. Innere Antreiber

Die Transaktionsanalyse benennt fünf wesentliche innere Antreiber: »Sei perfekt!«, »Sei gefällig!«, »Streng dich an!«, »Sei stark!« und »Beeil' dich!«.

Je nach Ausprägung beeinflussen die inneren Antreiber das Verhalten und Erleben eines Menschen enorm. Gerade in Stress- oder Konfliktsituationen übernehmen sie oftmals die Oberhand. Dann sind unsere gesamten Denk- und Ausdrucksweise von ihnen bestimmt. Im Grunde genommen stehen die inneren Antreiber für positive Eigenschaften. So beinhaltet »Sei perfekt!« Verlässlichkeit, Genauigkeit und Fehlerlosigkeit. »Sei gefällig!« steht für Hilfsbereitschaft, Freundlichkeit und Liebenswürdigkeit. Leistungsbereitschaft, Gründlichkeit und Durchhaltevermögen stecken hinter »Streng dich an!«. Selbständigkeit, Stärke und Unabhängigkeit finden sich in »Sei stark!« wieder. Und »Beeil' dich!« ermöglicht Schnelligkeit, Flexibilität und die Fähigkeit, Chancen zu nutzen.

Hinderlich wird erst die Überbetonung dieser inneren Antreiber, wenn es nicht mehr darum geht, so sein zu dürfen, sondern darum, so sein zu müssen (vgl. Taglieber/Reabricht, 2023i).

Prüfen und Reflektieren Sie Ihre eigenen inneren Antreiber. Wann sind diese in Ihrer Rolle als stellvertretende Leitung hilfreich, weil beispielsweise selbständiges Handeln und Entscheiden erforderlich sind? Wann ist ein innerer Antreiber eher hinderlich, weil zum Beispiels Ihr Anspruch an Fehlerlosigkeit ein Weitergeben von Aufgaben an Kolleg:innen nahezu unmöglich macht?

3.6 Teambesprechungen leiten

Regelmäßig stattfindende Teambesprechungen sind ein zentraler Ort für den Austausch von Informationen, Ideen und Feedback. Hier werden gemeinsame Ziele festgelegt, die pädagogische Arbeit geplant, Konflikte ausgetragen und Lösungen entwickelt.

Je nach Besprechungskultur übernimmt in der Regel die Leitung die Moderation der Teambesprechung. Je nach Stellen- und Freistellungsumfang der stellvertretenden Leitung ist diese mehr oder weniger regelmäßig in die Pla-

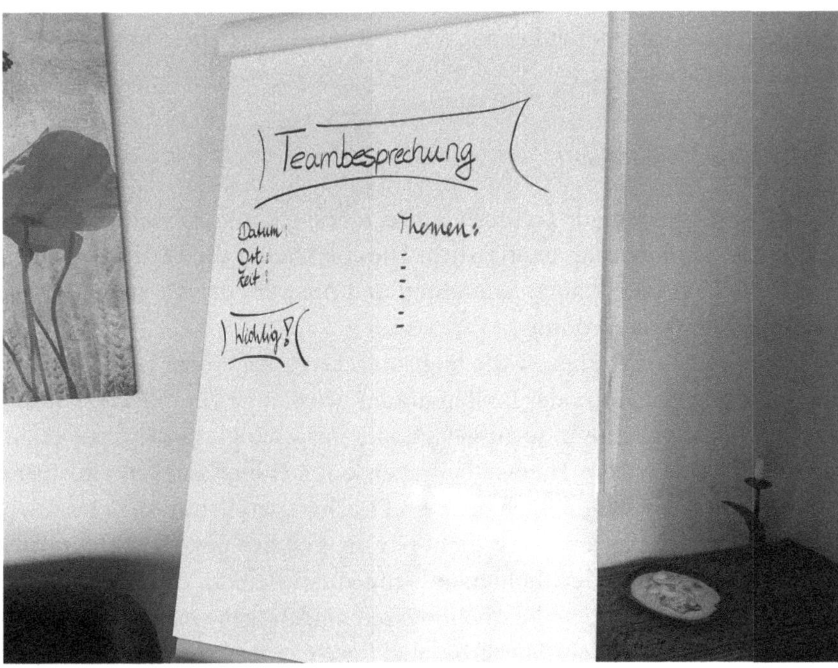

Abbildung 23: Teambesprechung

nung, Vorbereitung und Durchführung der Teambesprechungen in Anwesenheit der Leitung integriert. In vielen Fällen übernimmt die Stellvertretung die Leitung der Teambesprechungen nur in Abwesenheit der Leitung und nimmt sonst als Teammitglied ohne besondere Befugnisse an der Teamsitzung teil. Grundsätzlich braucht die stellvertretende Leitung Wissen und Können, wie eine Teambesprechung zu leiten ist. Dabei hält sie sich in der Regel an das im Team bekannte und bewährte Prozedere. Außerdem sollte im Vorfeld mit der Leitung geklärt sein, welche Gestaltungs- und Entscheidungsspielräume der stellvertretenden Leitung zugestanden werden.

Rollenverteilung

Im Vorfeld werden in der Regel verschiedene Rollen und die damit verbundenen Aufgaben geklärt und verteilt. In einigen Teams gibt es die bzw. den Protokollierenden, die oder den Zeitüberwachenden, die Diskussionsleitung und die bzw. den Zielverantwortliche:n. Die Gesamtmoderation liegt meistens in den Händen der stellvertretenden Leitung, wenn die Leitung selbst nicht anwesend ist. In einzelnen Teams wechselt auch die Rolle der Gesamtmoderation (vgl. Günster-Schöning, 2015, S. 6).

Je nach Absprache im Team werden diese Rollen nach dem Prinzip der Freiwilligkeit, nach Vorgabe der Leitung oder im Rotationsverfahren untereinander verteilt und zugeordnet.

Tipps für die Moderation

Bevor die stellvertretende Leitung eine Teambesprechung moderiert, ist eine gründliche Vorbereitung unerlässlich. Dies beinhaltet die Festlegung eines klaren Ziels für die Sitzung, Sammlung und Auswahl der Themen und die Festlegung der Tagesordnung.

Das wird in vielen Teams wie folgt umgesetzt: An einem zentralen Ort, beispielsweise im Büro oder im Teamraum, wird circa eine Woche vor der Teambesprechung eine Liste ausgelegt oder ausgehängt, in die jedes Teammitglied ihre oder seine Themen eintragen kann. Diese Liste kann in einem extra dafür vorgesehenen Buch oder am Flipchart geführt werden. In vielen Teams hat es sich bewährt, dass nicht nur die Themen gesammelt, sondern zusätzlich der Name der themeneinbringenden Person, die Priorität des Themas und die benötigte Bearbeitungszeit eingetragen werden. Im Downloadmaterial ist hierzu ein Musterbeispiel für eine solche *Themensammlung* zu finden.

Priorisierung der Themen
A: sehr wichtig
B: wichtig
C: weniger wichtig

Zur Vorbereitung der Teamsitzung wertet dann die Leitung und/oder die stellvertretende Leitung die Themensammlung aus und legt fest, welche Themen in der Teambesprechung je nach Zeit und Dringlichkeit besprochen werden. Aus dieser Auswertung erstellt sie oder er den konkreten Ablaufplan. Für diesen *Ablaufplan* gibt es ein Musterbeispiel im Downloadmaterial.

Im besten Fall wird die Tagesordnung so aufbereitet und visualisiert, dass sie im Verlauf der Sitzung als »roter Faden« dienen kann und allen Beteiligten zu Orientierung dient: Wo befinden wir uns gerade und wie geht es weiter?

Je nach Thema und Übung ist es für die stellvertretende Leitung hilfreich, sich im Vorfeld eine zusätzliche Feinplanung für die einzelnen Punkte zu machen, damit sie zum einen inhaltlich nichts vergisst und zum anderen wechselnde Moderationsmöglichkeiten in der Hinterhand hat.

Meistens finden die Teambesprechungen im Anschluss an den regulären Dienst statt, was bedeutet, dass die Mitarbeitenden bereits einige Stunden Arbeitszeit hinter sich haben. Umso schöner ist es, wenn die Teambesprechung in einem vorbereiteten und gut durchlüfteten Raum stattfindet. Kalt- und Warmgetränke, Gebäck und Obst heben die Stimmung und wirken sich positiv auf das Konzentrationsvermögen der Mitarbeitenden aus. Der Raum sollte möglichst aufgeräumt sein und alle benötigten Materialien sollten bereit liegen.

Als Moderator:in besteht eine wesentliche Aufgabe darin, den Erwartungsrahmen für die Sitzung festzulegen und zu kommunizieren. Dazu gehören Informationen über den Ablauf, gegebenenfalls die Dauer und die Rollenverteilung. Im Einzelfall ist es sinnvoll, auf bestehende Gesprächsregeln und die Bedeutung eines respektvollen und kooperativen Gesprächsklimas hinzuweisen. Anschließend werden die verschiedenen Themen in der entsprechenden Reihenfolge bearbeitet und ein Ergebnisprotokoll erstellt. Für die Bearbeitung der einzelnen Themen gibt es viele hilfreiche Methoden, um den Einstieg, Ideensammlungen, Zielformulierungen, Fallbesprechungen, Entscheidungsprozesse etc. abwechslungsreich zu gestalten. Methodenkarten[5], Bildkarten, Postkarten und Geschichten bieten vielfältige Einstiegsmöglichkeiten. Als stellvertretende

5 Eine empfehlenswerte Methodensammlung ist z. B. beim Herder Verlag erschienen: Maier, S./Peter, N. A. (2021): Erfolgreiche Teambesprechungen. Methodenkarten für die Kita. Freiburg.

Leitung ist es auf jeden Fall wertvoll, eine Fortbildung zu Moderationstechniken zu besuchen und sich dort Anregungen zu holen.

Als stellvertretende Leitung ist es nicht immer ganz einfach, in der Teambesprechung den Überblick zu behalten, am Thema zu bleiben und alle miteinzubeziehen. Dazu bedarf es einer großen Fähigkeit und Bereitschaft, aktiv zuzuhören und sicherzustellen, dass alle Teammitglieder die Möglichkeit haben, ihre Ideen und Meinungen einzubringen. Die stellvertretende Leitung sollte aus der Moderationsrolle heraus alle zur Beteiligung sowie zur Diskussion einladen und möglichst verhindern, dass einzelne Personen die Sitzung dominieren. Eine der größten Herausforderungen besteht oftmals darin, alle Meinungen gleichwertig wahrzunehmen und vor allem möglichst urteilsbewusst damit umzugehen.

Gesprächsregeln in Anlehnung an Ruth C. Cohn

Für die Teamarbeit und die Teambesprechungen ist es hilfreich, gemeinsam Gesprächsregeln zu vereinbaren und für alle sichtbar aufzuhängen, die in Anlehnung an Ruth C. Cohn wie folgt lauten können:

- Die Teammitglieder hören sich gegenseitig zu.
- Sie lassen die bzw. den andere:n ausreden.
- Die Standpunkte der anderen werden respektiert. Jede:r hat ein Recht auf ihre und seine eigene Meinung.
- Jede:r fragt nach, wenn sie oder er etwas nicht versteht, und versichert sich, ob die bzw. der andere richtig verstanden wurde. Gegebenenfalls wird das, was die und der Einzelne verstanden hat, mit eigenen Worten wiederholt.
- Der oder die Gesprächspartner:in wird beispielsweise durch Anschauen, mit Namen anreden etc. direkt angesprochen.
- Jede:r spricht für sich: »Ich … « Keiner versteckt sich hinter *man* oder *wir*. Niemand übernimmt die Verantwortung für die Ziele anderer.
- Es wird vermieden, andere kritisch zu beurteilen. Jede:r sagt, was sie und er will, wie es ihr oder ihm geht statt anzuklagen und zu bewerten.
- Störfaktoren werden unmittelbar angesprochen. Wenn es etwas gibt, dass ein Teammitglied beeinträchtigt und hindert, zuzuhören, wird dies benannt und geklärt (vgl. Cohn, 1991; Stangl, o. J.).

Mit Störungen umgehen

Die Moderation einer Teambesprechung bringt manches Mal die ein oder andere Herausforderung mit sich, die es für die stellvertretende Leitung dann zu meistern gilt. In der Regel sind diese Teambesprechungen von entscheidender

Bedeutung, um eine effektive Kommunikation und Kooperation sicherzustellen. Nicht selten treten im Verlauf einer Teambesprechung Störungen auf, die den Besprechungsverlauf beeinträchtigen können und von der stellvertretenden Leitung zu beheben sind.

Eine erhebliche Störung tritt immer dann auf, wenn die Teammitglieder unvorbereitet in der Besprechung erscheinen. Die Moderation ist generell dafür verantwortlich, dass allen Beteiligten im Vorfeld die Tagesordnung und die erforderlichen Materialien und Infos zur Verfügung stehen. Es gilt, zu verdeutlichen, dass jedes Teammitglied die Verantwortung dafür trägt, sich entsprechend vorzubereiten, damit durch einen etwaigen Informationsstau nicht zu viel unnütze Zeit verloren geht. Tritt das Phänomen unzureichender Vorbereitung vermehrt auf, sollte Ursachenforschung betrieben werden: War zu wenig Zeit, herrscht fehlendes Interesse oder wird die stellvertretende Leitung in ihrer vorgebenden Rolle nicht ernst genommen? Jeder dieser Ursachen ist entsprechend nachzugehen, um möglichst gemeinsam Lösungen zu finden.

In vielen Teams gibt es Personen, die die Gespräche dominieren und damit im Team sehr meinungsbildend sind. Zurückhaltende Mitarbeitende kommen dann oft nicht zu Wort, obwohl sie auch wertvolles zu den Themen beitragen könnten. Als Moderation gilt es, darauf zu achten, dass möglichst alle zu Wort kommen und gegebenenfalls stillere Personen aktiv einbezogen werden. Dazu kann es hilfreich sein, sich der ein oder anderen Moderations- und Erarbeitungsmethode zu bedienen: wie beispielsweise einem Blitzlicht, den Themenwolken, einem Tischtuchgespräch oder den Wanderideen.[6]

Diese Methoden haben gemeinsam, dass sie entweder alle Teammitglieder gleichberechtigt einzeln ansprechen oder sich alle Beteiligten schriftlich äußern und einbringen können.

In der ein oder andere Teambesprechung können auch Konflikte auf den Tisch kommen, mit denen es dann möglichst konstruktiv umzugehen gilt. Die stellvertretende Leitung muss dann abwägen und entscheiden, inwieweit der Konflikt an Ort und Stelle lösbar ist oder ob es sinnvoller ist, den Konflikt auf einen Zeitpunkt zu verschieben, wenn die Leitung wieder anwesend ist. Dafür braucht die stellvertretende Leitung eine gute Portion Fingerspitzengefühl, damit sie nicht selbst zwischen die Fronten gerät.

Manchmal geraten Teamsitzungen aus dem Zeitplan, was zur Frustration aller Beteiligten führen kann. Als stellvertretende Leitung liegt es an Ihnen (ggf. in enger Abstimmung mit dem oder der Zeitwächter:in), dass die Sitzung mög-

---

6 Siehe hierzu: Maier, S./Peter, N. A. (2021): Erfolgreiche Teambesprechungen. Methodenkarten für die Kita. Freiburg.

lichst pünktlich beginnt und endet. Es sollte im Vorfeld genügend Zeit für Diskussionen und Entscheidungsfindung eingeplant sein.

Und dann kommen noch externe Störungen und Unterbrechungen dazu, die den Besprechungsfluss ins Stocken geraten lassen können. Private Handys, aber auch das Diensttelefon sind für die Dauer der Sitzung auszustellen. Reinigungskräfte sind zu informieren, welche Räume während der Besprechungszeit vom Putzplan ausgenommen sind. Als Moderator:in gilt es, eine konzentrierte und möglichst ungestörte Umgebung zu schaffen, damit das Wesentliche zügig besprochen werden kann.

3.7 Büroorganisation

Die Rolle der stellvertretenden Leitung ist, wie bereits mehrfach herausgestellt, vielfältig und anspruchsvoll. Neben der direkten Arbeit mit den Kindern ist die Büroorganisation ein wesentlicher Bestandteil der Aufgaben. Je nach Ausübungsform übernimmt die stellvertretende Leitung von Anfang an eigens die ihr zugeschriebenen Aufgaben im Büro. Als Abwesenheitsvertretung muss sie

Abbildung 24: Büroorganisation

häufig spontan übernehmen und einen Blick dafür wahren, was auf jeden Fall bearbeitet werden muss und was gegebenenfalls bis zur Rückkehr der Leitung warten kann. In diesem Kapitel werden wichtige Aspekte beleuchtet, die stellvertretende Leitungen beachten sollten, wenn sie in die Büroorganisation der Kita eingearbeitet werden. Ein weiterer wichtiger Aspekt ist die Fähigkeit, Aufgaben abzugeben und zu verteilen und damit umzugehen, dass die Aufgabenliste nur an wenigen Tagen vollständig zu bewältigen ist.

Sich in bestehende Systeme einarbeiten

Bevor stellvertretende Leitungen in die Büroorganisation einsteigen, ist es entscheidend, ein grundlegendes Verständnis für die Büroaufgaben der Leitung zu entwickeln. Dies beinhaltet die Verwaltung von Dokumenten (z. B. zum Anmelde- und Aufnahmeverfahren, zur Inventarisierung etc.), Budget- und Finanzmanagement (z. B. Essensgelder, Anschaffungskosten etc.), Personalangelegenheiten (z. B. Dienst- und Urlaubsplangestaltung) und die Einhaltung gesetzlicher Vorschriften (Arbeitsrecht, Hygienevorschriften, Sicherheitsvorgaben, Meldeverfahren nach § 47, Kinderschutz nach § 8a etc.). Hierbei sind eine enge Zusammenarbeit und Kommunikation mit der Leitung von großer Bedeutung und die klare Rollen- und Verantwortungsaufteilung zwischen der Leitung und der stellvertretenden Leitung unerlässlich. Die stellvertretende Leitung sollte genau wissen, welche Aufgaben sie eigenverantwortlich übernimmt und welche in Absprache mit der Leitung durchgeführt werden. Dies verhindert Doppelarbeit und Konflikte.

Es ist ratsam, einen strukturierten Einarbeitungsplan zu erstellen, der die verschiedenen Aspekte der Büroorganisation abdeckt. Dieser Plan sollte klar definieren, welche Fähigkeiten und Kenntnisse die stellvertretende Leitung erwerben muss und in welchem Zeitrahmen dies geschehen soll. Um sicherzustellen, dass die stellvertretende Leitung die erforderlichen Fähigkeiten und Kenntnisse für die Büroorganisation besitzt, sollten Schulungen und Weiterbildungen in Erwägung gezogen werden. Dies kann sowohl interne Schulungen als auch externe Kurse umfassen.

Gemeinsam mit der Leitung sollte die stellvertretende Leitung effiziente Büroprozesse entwickeln und implementieren. Dies kann die Einführung digitaler Tools zur Dokumentenverwaltung, die Optimierung der Kommunikation oder die Erstellung von klaren Arbeitsabläufen umfassen. Die Kommunikation zwischen der Leitung und der stellvertretenden Leitung ist entscheidend. Regelmäßige Meetings und Feedbackgespräche helfen dabei, den Einarbeitungsprozess zu überwachen und zu verbessern.

Die Einarbeitung von stellvertretenden Leitungen in die Büroorganisation einer Kita erfordert eine klare Struktur, Kommunikation und Schulung. Eine erfolgreiche Zusammenarbeit zwischen Leitung und stellvertretender Leitung ist entscheidend, um die Büroorganisation effizient zu gestalten und so die Qualität der Kinderbetreuung sicherzustellen.

Gemeinsame Arbeitsplatzstruktur und gemeinsames Ablagesystem

Es ist sehr wichtig und wertvoll, wenn das Büro möglichst überschaubar strukturiert ist, sodass sich die stellvertretende Leitung möglichst intuitiv zurechtfinden kann. Dazu gehört beispielsweise, dass häufig genutzte Arbeitsmaterialien und in Bearbeitung befindliche Arbeitsabläufe in der Nähe aufbewahrt werden. Gelegentlich oder nur selten Benötigtes sollte weniger präsent platziert werden.

Vieles wird mittlerweile digital angelegt und verwaltet, auch hier gilt es, ein System zu entwickeln, bei dem die am meisten genutzten Ordner am besten ganz oben stehen. Briefpost und E-Mails sind nach wichtig und unwichtig zu sortieren. Dabei haben sich folgende Schritte bewährt:

- Post oder E-Mails sichten.
- Unwichtiges sofort entsorgen bzw. löschen.
- Alles, was maximal drei Minuten dauert, am besten sofort bearbeiten.
- Alles weitere nach Dringlichkeit A, B und C sortieren, priorisieren, bearbeiten und gegebenenfalls auf Termin legen.

In der Vertretungssituation sollte die stellvertretende Leitung ein festes Zeitfenster einplanen, um die dringend erforderliche Büroarbeit in den Tagesablauf zu integrieren.

Aufgaben priorisieren

Zeit ist im Allgemeinen ein kostbares Gut und dies gilt ganz besonders für die stellvertretende Leitung. Diese Position erfordert eine hohe Verantwortung und umfasst vielfältige Aufgaben, die oftmals unter Hektik bewältigt werden müssen. Daher ist es für jede stellvertretende Leitung sinnvoll, sich mit grundlegenden Eckpfeilern und Methoden des Zeitmanagements wie beispielsweise dem Eisenhower-Prinzip, dem Pareto-Prinzip und der ALPEN-Methode vertraut zu machen (vgl. von Langen, 2023).

Abbildung 25: Das Eisenhower-Prinzip

Das *Eisenhower-Prinzip* geht auf den amerikanischen Präsidenten Dwight Eisenhower zurück. Diese Methode priorisiert die Aufgaben je nach Dringlichkeit und Wichtigkeit in vier Kategorien. Wichtige und dringende Aufgaben (A-Aufgaben) erfordern sofortige Aufmerksamkeit und Erledigung. Wichtige, aber nicht dringende Aufgaben (B-Aufgaben) können auf Termin gelegt und somit langfristig geplant werden. Dringende, jedoch nicht wichtige Aufgaben (C-Aufgaben) können in der Regel delegiert werden. Alles, was weder dringend noch wichtig ist, darf entsorgt bzw. ignoriert werden. Dieser Ansatz ermöglicht es gerade in stressigen Situationen, sich auf das Wesentliche zu konzentrieren und Zeit für strategisches Denken und langfristige Planung zu schaffen.

Das *Pareto-Prinzip,* auch als 80/20-Regel bekannt, besagt, dass etwa 80 Prozent der Ergebnisse durch 20 Prozent der Anstrengungen erzielt werden. Im umgekehrten Fall sind es oft die anderen 20 Prozent der Arbeit, in denen 80 Prozent der Anstrengung stecken.

Stellvertretende Leitungen können dieses Prinzip nutzen, um ihren Blick auf die 80 Prozent der Aufgaben zu lenken, die mit Leichtigkeit gewuppt werden, und daraus die eigene Zufriedenheit und Motivation zu ziehen. Dieses

Prinzip ist auch sehr hilfreich, wenn es Unzufriedenheiten im Team oder in der Elternschaft gibt. Hier sind es meist die berühmten 20 Prozent, die der stellvertretenden Leitung das Leben schwer machen, wodurch der hohe Anteil an Zufriedenheit völlig untergeht.

Die *ALPEN-Methode* hat sich zur Strukturierung von Aufgaben bewährt. Sie steht für *A* wie *Aufgaben notieren, L* wie *Länge schätzen, P* wie *Pufferzeiten einplanen, E* wie *Entscheidungen treffen* und *N* wie *Nachkontrolle.* Diese Methode hilft stellvertretenden Leitungen, ihre Aufgaben klar zu definieren, einen realistischen Zeitrahmen zu setzen und genügend Zeit für unerwartete Ereignisse einzuplanen. Darüber hinaus ermutigt sie zur regelmäßigen Überprüfung und Anpassung der Planung.

Die Anwendung dieser Prinzipien kann dazu beitragen, die eigene Produktivität zu steigern, Stress zu reduzieren und sich letztendlich eine gewisse Flexibilität und situative Wendigkeit (Füchtenschneider, 2023) zu bewahren.

Situative Wendigkeit
Unter situativer Wendigkeit ist die aktive Einflussnahme auf bestehende Bedingungen zu verstehen – entweder durch die Veränderung der eigenen Gedanken und Haltung in der Situation (Reframing) oder durch die konkrete Veränderung eigener Gewohnheiten oder der Abläufe in der Kita.

Nichts muss einfach nur hingenommen und durchgestanden werden, oftmals gibt es viele kleine Stellschrauben, mit denen die Hektik des Alltags für alle Beteiligten verändert werden kann. Manchmal ist dann weniger einfach mehr (vgl. Füchtenschneider, 2023)!

Aufgaben abgeben

In der Rolle einer stellvertretenden Leitung in der Kita ist die Fähigkeit zur Delegation von entscheidender Bedeutung. Eine effektiv umgesetzte Delegation kann nicht nur die Arbeitsbelastung auf mehrere Schultern verteilen, sondern auch das Wachstum und die Entwicklung des Teams fördern.

Delegation ist zunächst einmal mehr als nur die Weitergabe von Aufgaben. Sie ist ein wesentlicher Bestandteil der Führung und ermöglicht es, Verantwortlichkeiten zu teilen und das Team in die Entscheidungsfindung einzubeziehen. Dies trägt dazu bei, die Effizienz und Produktivität der Zusammenarbeit zu steigern.

Fünf Schritte zur erfolgreichen Delegation

1. *Aufgaben identifizieren:* Der erste Schritt zur Delegation ist die Identifizierung von Aufgaben, die delegiert werden können. Dies sollten Aufgaben sein, die innerhalb der Kompetenzen und Fähigkeiten Ihrer Teammitglieder liegen. Dazu kann die Analyse im Sinne des Eisenhower-Prinzips (C-Aufgaben) hilfreich sein.
2. *Richtige Person auswählen:* Es gilt dann, die richtige Person für die zu delegierende Aufgabe auszuwählen. Dabei sollten die Fähigkeiten, Erfahrungen und Interessen der einzelnen Teammitglieder berücksichtigt werden.
3. *Klare Kommunikation:* Dann sollte sichergestellt werden, dass klare Erwartungen und Ziele für die delegierte Aufgabe kommuniziert wurden. Dies umfasst auch den Zeitrahmen und die benötigten Ressourcen.
4. *Unterstützung anbieten:* Um sicherzustellen, dass die Aufgabe erfolgreich erledigt wird, sollte die stellvertretende Leitung gegebenenfalls ihre Unterstützung oder andere Ressourcen anbieten. Rückfragen sollten jederzeit möglich sein.
5. *Vertrauen und Loslassen:* Delegation erfordert Vertrauen. Sobald die Aufgabe delegiert wurde, sollte die stellvertretende Leitung darauf vertrauen, dass das Teammitglied die Aufgabe kompetent erledigt.

Im besten Falle ist bereits im Vorfeld durch Absprache mit der Leitung klar, wer welche Aufgaben übernimmt, sodass sich die stellvertretende Leitung im Vertretungsfall auf die anfallenden Leitungsaufgaben konzentrieren und fokussieren kann.

In einzelnen Einrichtungen ist ergänzend zur stellvertretenden Leitung von vornherein ein sogenanntes Beauftragtensystem implementiert. Das beinhaltet, dass einzelne Mitarbeitende sich durch einschlägige Fortbildungen auf bestimmte Aufgabenbereiche spezialisiert haben und dafür die Hauptverantwortung übernehmen. Dann gibt es beispielsweise: Qualitätsbeauftragte, Sicherheitsbeauftragte, Kinderschutzbeauftragte, Datenschutzbeauftragte, Öffentlichkeitsbeauftragte etc. Das hat den Vorteil, dass auch Leitung oder stellvertretende Leitung sich nicht in alle Bereiche vollständig einarbeiten müssen, was in der Komplexität der Themenvielfalt im Alltag auch nicht immer möglich ist.

Obwohl Delegation grundsätzlich viele Vorteile bietet, fällt es vielen stellvertretenden Leitungen schwer, Aufgaben auf die Kolleg:innen zu übertragen. Oftmals heißt es dann: »Bevor ich erklärt habe, was zu tun ist, habe ich es schneller selbst gemacht.« Oder: »Wenn das nicht gut läuft, halte ich letztendlich den

Kopf für die Fehler der anderen hin.« Oder auch: »Wie sieht das denn aus, wenn ich alles die anderen machen lasse.«

So kommen die Sorgen und Bedenken über zu großen Zeitaufwand, Kontrollverlust, Verantwortlichkeit für die Fehler anderer und Schwächung der eigenen Position nicht selten zusammen. Das blockiert die Bereitschaft zur Delegation und führt schlimmstenfalls zur Überforderung (vgl. von Langen, 2023, S. 546).

Reflexion und Veränderung des eigenen Delegationsverhaltens
Mithilfe der folgenden Reflexionsübung sollen Sie als stellvertretende Leitung Ihr Delegationsverhalten analysieren und gezielte Schritte zur Veränderung entwickeln.

Dauer: 30 bis 45 Minuten.

Benötigte Materialien: Schreibmaterial (Stift, Papier oder ein Notizbuch), Liste der aktuellen Aufgaben und Verantwortlichkeiten.

Vorgehensweise:

1. *Erstellen Sie eine Liste* Ihrer aktuellen Aufgaben und Verantwortlichkeiten. Schreiben Sie alle Aufgaben und Verantwortlichkeiten auf, die Sie in Ihrer Rolle als stellvertretende Leitung und gegebenenfalls als Gruppenmitglied im Kleinteam in Ihrer Kita haben.
2. *Bewerten Sie den Delegationsgrad.* Gehen Sie durch Ihre Liste und markieren Sie, welche Aufgaben Sie bereits delegiert haben und welche Sie noch selbst erledigen. Verwenden Sie beispielsweise »D« für delegierte Aufgaben und »S« für selbst erledigte Aufgaben.
3. *Reflektieren Sie Ihre Delegationsentscheidungen/-blockaden.* Betrachten Sie die Aufgaben, die Sie noch selbst erledigen. Stellen Sie sich folgende Fragen:
   - Handelt es sich hierbei um Aufgaben, die Sie auf jeden Fall selbst erledigen müssen, weil es sich originär um Leitungsaufgaben handelt?
   - Handelt es sich hierbei um Aufgaben, die prinzipiell jemand anderes aus dem Team übernehmen könnte?
   - Wenn jemand anderes dies auch übernehmen könnte, warum haben Sie diese Aufgaben noch nicht delegiert?
   - Gibt es Teammitglieder, die diese Aufgaben effektiv übernehmen könnten?
   - Welche Ängste oder Bedenken haben Sie in Bezug auf Delegation?

4. *Setzen Sie Prioritäten.* Bewerten Sie Ihre konkreten Aufgaben nun nach ihrer Dringlichkeit und Bedeutung neu. Welche Aufgaben erfordern Ihre persönliche Aufmerksamkeit, und welche könnten erfolgreich delegiert werden?
5. *Entwickeln Sie Delegationsziele.* Basierend auf Ihrer Analyse sollten Sie klare Delegationsziele setzen. Das könnten beispielsweise sein:
   - Delegieren Sie mindestens zwei Aufgaben pro Woche. Und reflektieren Sie im Anschluss, wie es Ihnen damit geht.
   - Treten Sie in Kommunikation mit Ihrem Team, um Delegationsmöglichkeiten zu identifizieren und zu eröffnen.
6. *Planen Sie Schritte zur Umsetzung.* Entwickeln Sie einen Aktionsplan, um Ihre Delegationsziele zu erreichen. Dies kann die Identifikation geeigneter Teammitglieder, die Kommunikation von Erwartungen und die Bereitstellung von Unterstützung umfassen.
7. *Regelmäßige Überprüfung.* Überprüfen Sie Ihre Fortschritte regelmäßig, idealerweise wöchentlich oder monatlich. Passt Ihre Delegationsstrategie? Haben Sie erfolgreich Aufgaben delegiert? Was haben Sie gelernt und was können Sie verbessern?

Mit dieser Übung zur Selbstreflexion und Veränderung des Delegationsverhaltens können Sie Schritt für Schritt Ihren Weg finden, effektiver und strategischer zu delegieren und die Effizienz der gemeinsamen Zusammenarbeit zu fördern.

Vom To-do zum Ta-daa

Die To-do-Liste ist eine bewährte und hilfreiche Methode, um Aufgaben zu organisieren und sicherzustellen, dass nichts vergessen wird. Die meisten von uns haben wahrscheinlich eine To-do-Liste, sei es auf Papier oder digital. Allerdings kann so eine To-do-Liste manchmal frustrierend sein, insbesondere dann, wenn sich Aufgaben immer weiter ansammeln und dadurch das Gefühl entsteht, dass nie alles erledigt wird, bzw. im schlimmsten Fall Frust aufkommt, am Ende des Tages nichts geschafft zu haben. Eine gute Ergänzung kann daher die sogenannte »Ta-daa-Liste« sein.

Die Ta-daa-Liste ist eine Liste von Aufgaben, die bereits erledigt wurden. Im Gegensatz zur To-do-Liste, die sich auf die noch ausstehenden Aufgaben konzentriert, zeigt die Ta-daa-Liste, was bereits erledigt wurde. Durch eine solche

Ta-daa-Liste können Sie sich motivieren und sich daran erinnern, was sie alles geschafft haben, anstatt sich ausschließlich auf das zu konzentrieren, was noch zu tun ist.

Eine Ta-daa-Liste kann zum Stressabbau beitragen, indem sie aufzeigt, dass Sie tatsächlich produktiv waren, und erinnert Sie an das Geschaffte. Vor allem bildet diese Ta-daa-Liste auch all die Dinge ab, die so zwischendurch unvorhergesehen dazu gekommen sind und von Ihnen außerhalb der geplanten To-do's abgearbeitet wurden. Gerade als stellvertretende Leitung wird es Ihnen immer wieder passieren, dass Sie von Ihrer ursprünglichen To-do- Liste abweichen müssen. Gerade bei einem ungeplanten Vertretungsfall werden Sie vieles nebenbei erledigen, was Sie für sich nicht zwangsläufig eingeplant hatten.

Insgesamt kann die Verwendung einer Ta-daa-Liste eine einfache und effektive Methode sein, um sich zu motivieren und bei Kraft und Laune zu halten. Eine Kombination aus To-do-Liste und Ta-daa-Liste unterstützt Sie, produktiver und effektiver zu arbeiten und gleichzeitig Stress zu reduzieren. Indem Sie sich auf das konzentrieren, was Sie bereits erreicht haben, fühlen Sie sich am Ende des Arbeitstages produktiver und kraftvoller.

3.8 Konflikte und Schwierigkeiten bewältigen

Abbildung 26: Konflikte lösen

Früher oder später kommt jede stellvertretende Leitung mit Konflikten in Kontakt. Auslöser und Ursachen gestalten sich dabei ganz vielfältig. Es kann beispielsweise zu einem inneren Konflikt kommen, weil aus der Rolle heraus Positionen zu vertreten sind, die nicht die eigenen sind. Es kommt zu offenen oder verdeckten Kontroversen mit der Leitung. Obwohl die Leitung physisch abwesend ist, meldet sie sich immer wieder aus dem Off und greift in das laufende Geschehen ein. Oder die stellvertretende Leitung arbeitet mit einer Leitung zusammen, die ihre Leitungsverantwortung nicht übernimmt oder aufgrund äußerer Umstände länger ausfällt. Schließlich sieht sich die stellvertretende Leitung auch nicht selten mit dem Neid der Teammitglieder konfrontiert.

In der Rolle der stellvertretenden Leitung bedarf es einer hohen Konfliktkompetenz, daher sollte der:die Stelleninhaber:in immer wissen, was für ein Konflikttyp er:sie ist.

Reflexion zum eigenem Konfliktverhalten

Die meisten Menschen neigen zu einem bevorzugtem Konfliktstil, der sich im Laufe ihres Lebens entwickelt und herauskristallisiert hat.

Nehmen Sie sich einmal etwas Zeit, lesen Sie sich die folgenden *Konflikttypen* durch und skalieren sie auf einer Skala von 0 bis 10 (0: trifft gar nicht zu; 10: trifft voll und ganz zu), wo Sie sich im Konfliktfall im beruflichen Kontext bewegen.

- *Konfliktvermeidung oder Unterordnung:* Dies trifft immer dann zu, wenn Sie Ihre eigenen Interessen zurückstellen. Dies verhindert konstruktive Lösungsansätze und führt langfristig zu Unzufriedenheit.
- *Bedingungsloser Kampf:* In diesem Fall stellen Sie Ihre Interessen ohne Wenn und Aber in den Vordergrund. Das führt häufig zur Eskalation des Konfliktes oder drängt Ihr Gegenüber in den Rückzug. Die Zusammenarbeit wird so nahezu unmöglich.
- *Kompromissbereitschaft:* Hier werden die Interessen aller »Kontrahent:innen« miteinbezogen. Dies führt nur zu guten Lösungen, wenn es auch zu den Zielen der pädagogischen Arbeit im Allgemeinen passt und sich nicht doch eine Partei zurückgesetzt fühlt. Dann können sich manche vordergründigen Kompromisse auch als »faule« Kompromisse entpuppen.
- *Lösungsfokussierung:* Das ist dann möglich, wenn Sie auch bereit sind, ungewohnte Wege einzuschlagen, um den Konflikt zu lösen, und nicht nur an dem Ihnen Bekannten und Vertrauten festhalten. So kann es beispielsweise notwendig sein, lösungsfokussiert neue Wege zu finden, die

Kinderbetreuung zu gewährleisten, ohne den Weg über vermehrte Überstunden zu gehen.

Diese Reflexion kann Ihnen helfen, im Konfliktfall kurz innezuhalten und wahrzunehmen, wie Sie sich gerade verhalten. Überprüfen Sie dann gegebenenfalls, ob ein anderes Konfliktverhalten zielführender wäre.

Was brauchen Sie in diesem Fall, um Ihr Konfliktverhalten zu verändern? Wer kann Sie dabei unterstützen?

Entscheidungen anderer vermitteln

In der Rolle der stellvertretenden Leitung gilt es immer wieder, auch Entscheidungen und Anordnungen, die durch gesetzliche Vorgaben, den Arbeitgebenden oder die Leitung getroffen wurden, vor dem Team zu vertreten. Dies wird immer dann zu einer großen Herausforderung, wenn diese Entscheidungen entweder negative Auswirkungen auf Mitarbeitende, Kinder oder Familien haben oder die stellvertretende Leitung selbst komplett anders entschieden hätte.

Bei der stellvertretenden Leitung baut sich in solchen Fällen nicht selten Stress auf, weil sie

- das Gefühl hat, die Entscheidung nicht mit echter Überzeugung übermitteln zu können,
- möglicherweise eigene wichtige Werte wie zum Beispiel ein fairer Umgang miteinander durch diese Entscheidungen verletzt werden und
- sie dadurch nicht die nötige innere Sicherheit empfindet, um Nachfragen oder aufkommender Kritik souverän begegnen zu können.

In diesem Fall wäre es nahezu übermenschlich, zu versuchen, überzeugend aufzutreten. Die stellvertretende Leitung kann sich hier durch ihr Rückbesinnen auf ihre Rollenverantwortung entlasten. Da diese Entscheidungen in der Regel unumstößlich sind, sind sie weiterzugeben. Es gehört zur Rolle dazu, dem geäußerten Unmut der Mitarbeitenden Raum zu geben und diesen auszuhalten. Wichtig ist hier, dass es nicht um die Person der stellvertretenden Leitung geht, sondern um den Unmut über die Entscheidung. Hilfreich ist hier der Satz: »Seperate the people from the problem!«[7] Wenn die zu überbringenden Entscheidungen sich als Herausforderung abzeichnen, ist es auf jeden Fall hilfreich, gut vorbereitet und gewappnet in die Besprechung zu gehen (vgl. Bergdoldt, 2016, S. 104 ff.).

7 Trenne die Person von dem Problem.

Tipps für das Überbringen »unangenehmer Entscheidungen«
Die wenigsten Menschen übermitteln gern unangenehme Entscheidungen. Die folgenden Anregungen können Ihnen dabei helfen:

- Überbringen Sie die Entscheidung möglichst kurz und knapp, vermeiden Sie weichgespülte Sätze.
- Geben Sie den Teamkolleg:innen Zeit, die Information zu verarbeiten.
- Geben Sie Raum für Unmutsäußerungen.
- Vermeiden Sie lange Diskussionen über Sinn und Unsinn der Entscheidung.
- Äußern Sie Zuversicht, dass Sie gemeinsam Wege finden werden, mit dieser Entscheidung im Alltag umzugehen.

Tun Sie am Ende des Tages etwas, das Ihnen guttut, um den inneren Stress abzubauen (vgl. Bergdolt, 2016, S. 107).

Kontroversen mit der Leitung klären

Wie bereits mehrfach herausgestellt, ist das reibungslose Zusammenspiel zwischen der stellvertretenden Leitung und der Leitung gerade in der heutigen dynamischen Umgebung von Kindertagesstätten von entscheidender Bedeutung für die Zusammenarbeit im Team, mit Kindern und Familien. Trotz des gemeinsamen Ziels, eine qualitativ hochwertige Betreuung und Bildung für Kinder zu gewährleisten, können Kontroversen zwischen diesen Schlüsselpersonen auftreten, die das Wachstum der Einrichtung beeinträchtigen können. Im Folgenden möchte ich daher noch einmal auf häufig auftretende Kontroversen zwischen stellvertretender Leitung und Leitung eingehen sowie mögliche Lösungsansätze aufzeigen.

- *Strukturelle und persönliche Kommunikationsbarrieren:* Fehlende Möglichkeiten zum Austausch und mangelnde Bereitschaft zu einer offenen und klaren Kommunikation können zu Missverständnissen und Fehlkommunikation führen. Regelmäßige Meetings und klare Kommunikationsregeln können dazu beitragen, die Kommunikation zu verbessern, um Missverständnisse zu vermeiden. Mit anderen Worten: Stellvertretende Leitung und Leitung müssen regelmäßig und möglichst auf Augenhöhe miteinander sprechen.
- *Unklare Rollen und Verantwortlichkeiten:* Ohne eine klare Definition von Rollen und Verantwortlichkeiten kann es zu Überschneidungen oder Lücken in der Verantwortungsübernahme kommen. Die Erstellung eines detaillierten Aufgabenspektrums für jede Position kann dazu beitragen, diese Unklarheiten zu beseitigen (s. Kapitel 3.3).

- *Unterschiedliche pädagogische Ansätze und Werte:* Konflikte können auch dadurch entstehen, dass unterschiedliche pädagogische Ansätze und Werte aufeinanderprallen. Ein respektvoller Dialog, in dem beide Parteien ihre Standpunkte ausführlich darlegen können, ist entscheidend, um einen gemeinsamen pädagogischen Ansatz zu entwickeln, der die Werte und Ziele der Einrichtung widerspiegelt (s. Kapitel 3.1).
- *Mangelnde Wertschätzung und Anerkennung:* Das Fehlen von Anerkennung und Wertschätzung kann zu Unzufriedenheit und Frustration führen. Dies gilt für beide Seiten. Die bewusste Anerkennung der Leistung und des Engagements der oder des jeweils anderen kann dazu beitragen, ein unterstützendes und motivierendes Arbeitsumfeld zu schaffen.
- *Fehlende Verlässlichkeit bezüglich der Entscheidungsbefugnisse:* Dies kommt dann zum Tragen, wenn die Leitung der stellvertretenden Leitung vordergründig die Entscheidung in ihrer Abwesenheit überlässt, sie dann im Nachhinein aber infrage stellt und rückgängig macht. In diesem Fall sollten Entscheidungsspielräume schriftlich fixiert werden. Es geht nur mit gegenseitiger Verbindlichkeit.
- *Umgang mit Konflikten und Kritik:* Konflikte und Kritik sind unvermeidlich, aber der richtige Umgang damit ist entscheidend. Die Förderung einer konstruktiven Konfliktlösungskultur, die auf gegenseitigem Respekt und dem Streben nach gemeinsamen Zielen basiert, kann dazu beitragen, Konflikte zu bewältigen und die Beziehung zu stärken.

Durch die proaktive Bewältigung dieser Herausforderungen können stellvertretende Leitungen und Leitungen eine vertrauensvolle und kooperative Arbeitsbeziehung aufbauen, die das Fundament für eine erfolgreiche, kollaborative Führung legt. Der konstruktive Umgang mit Kontroversen trägt nicht nur zur Stärkung des Führungsteams bei, sondern wirkt sich auch positiv auf das gesamte pädagogische Umfeld – Team, Familien und Kinder – aus.

Leitfaden für Konfliktgespräche

Um einen Konflikt zwischen stellvertretender Leitung und Leitung zu lösen, ist ein Konfliktgespräch hilfreich, das im Vorfeld gut vorbereitet werden sollte.

- Vorbereitungsphase – eigene Reflexion
  - Worum geht es überhaupt?
  - Welche Position vertritt wer?
  - Wie könnte eine Lösung aussehen?
  - Was wäre die Konsequenz, wenn der Konflikt nicht gelöst wird?

- Durchführung des Konfliktgesprächs (in Anlehnung an das Konflikthaus von Hohmann/Sasse, 2023)
  - ▸ Beziehung herstellen:
    - Gesprächsbedarf ankündigen,
    - in gegenseitigen Kontakt gehen,
    - offen für das Gegenüber sein,
    - zugewandt und präsent sein.
  - ▸ Sicherheit geben:
    - Zeitpunkt, Ort und Zeitrahmen festlegen, mit dem sich beide wohlfühlen,
    - Raum vorbereiten,
    - Störungen ausschließen,
    - evtl. ein:e Vermittlungsperson/Mediator:in miteinbeziehen.
  - ▸ Hinhören und Ausreden lassen:
    - Was ist das Problem?
    - Wer hat das Problem?
    - Welche Position vertritt wer?
    - Wer hat welches Anliegen?
    - Welche Bedürfnisse treffen hier aufeinander?
    - Wie fühlen sich die Beteiligten damit?
    - Welche Wünsche stehen hinter den Vorwürfen?
  - ▸ Verhandeln/Lösungen finden:
    - Klarheit darüber erlangen, worum es geht,
    - Äußern von Ideen und Alternativen,
    - Formulieren von Bitten und Wünsche,
    - *ein Wunschzettel ist kein Bestellschein (!),*
    - Benennen von Vorgehensweisen,
    - Auswahl des gemeinsamen Lösungsweges,
    - Vereinbarungen treffen.

Sollte hierbei keine verbindliche Einigung erzielt werden oder es während des Gesprächs zu nonverbalen oder verbalen Grenzverletzungen kommen, dann ist es ratsam, neutrale oder führende Instanzen (Trägervertreter:innen, Coaches, Supervisor:innen oder Mediator:innen) zur Klärung hinzuzuziehen.

Die »Helikopter«-Leitung

Für die Abwesenheit der Kita-Leitung sollten zwei Regeln abgesprochen und eingehalten werden: Wenn Entscheidungen zu treffen sind, tut das im abgesprochenen Rahmen die stellvertretende Leitung. Und: Die Kita-Leitung ruft nicht an, um zu hören, ob das Team ohne sie zurechtkommt. Dies gilt insbesondere für geplante und vorbereitete Abwesenheitszeiten, zum Beispiel durch Fortbildung oder Urlaub. Bedauerlicherweise ist das nicht für jede Kita-Leitung selbstverständlich. Manchen fällt es schwer, loszulassen, und sie mischen sich trotz Abwesenheit intensiv in die Abläufe der Kita ein. Dieses Phänomen wird gern auch als »Helikopter-Leitung« beschrieben.

Diese Leitungspersönlichkeit zeichnet sich durch ein tief verwurzeltes Bedürfnis aus, in alle Aspekte der Kita-Abläufe eingebunden zu sein. Diese Form der Einmischung resultiert häufig aus einem starken Kontrollbedürfnis. Dabei überschreitet sie oft ihre Grenzen und greift in die Zuständigkeiten anderer Teammitglieder ein.

Die Auswirkungen dieser Situation können vielfältig sein. Einerseits kann dies zu Verwirrung über die tatsächlichen Verantwortlichkeiten und Aufgaben führen, was die Effizienz des Teams beeinträchtigt. Andererseits führt die ständige Einmischung in die Arbeit des Teams dazu, dass die Kreativität und Eigenverantwortung der einzelnen Mitglieder gehemmt werden. Dies kann letztendlich zu einem Mangel an Innovation und Engagement führen. Die einzelnen Teammitglieder machen lieber gar nichts, da sie davon ausgehen (müssen), dass die Leitung sowieso wieder eingreifen wird.

Aufseiten der stellvertretenden Leitung kommt es durch die ständige Einmischung zu Frustration, da sie sich in ihrer Vertretungsrolle nicht ernst genommen und entmachtet fühlt. Das kann durchaus Einfluss auf das Vertrauen des Teams haben, das infolge die Fähigkeiten der stellvertretenden Leitung infrage stellt. Dies kann zu Spannungen innerhalb des Teams und zu einem verminderten Zusammenhalt führen. Darunter leidet im schlimmsten Fall die pädagogische Arbeit mit den Kindern und Familien.

Um die Herausforderung der »Helikopter-Leitung« anzugehen, ist es wichtig, eine offene Kommunikation zu fördern und klare Rollen und Verantwortlichkeiten zu definieren. Die stellvertretende Leitung sollte sich darauf konzentrieren, ein Umfeld des Vertrauens und der Offenheit zu schaffen, in dem Teammitglieder ihre Ideen und Bedenken frei äußern können. Gleichzeitig ist es entscheidend, klare Grenzen zu setzen und die Notwendigkeit zu betonen, Verantwortung und Autonomie auf Teammitglieder zu übertragen. Eine offene Diskussion über die Vorteile einer ausgewogenen Führung und die Wichtigkeit einer kooperativen Zusammenarbeit kann dazu beitragen, die Situation zu verbessern und das Team zu stärken.

Leitfaden zur Konfliktlösung

Um eine Leitung, die dazu neigt, auch in Zeiten ihrer Abwesenheit in das Arbeitsgeschehen einzugreifen, sensibel auf ihr Verhalten aufmerksam zu machen und eine veränderte Zusammenarbeit zu fördern, ist es wichtig, einige wichtige Schritte zu beachten.

- *Vertrauliches Gespräch anstreben:* Versuchen Sie, ein vertrauliches Gespräch mit der Leitung zu arrangieren, um ihre Perspektive zu verstehen und ihr Verhalten anzusprechen, ohne sie bloßzustellen. Betonen Sie dabei die positiven Aspekte ihrer Führung und betonen Sie gleichzeitig die Bedeutung von Teamarbeit und Autonomie für das Wachstum der Einrichtung.
- *Sachliche Beobachtungen und Auswirkungen hervorheben:* Beschreiben Sie konkrete Beispiele für Situationen, in denen die intensive Einmischung der Leitung zu einer gewissen Unruhe im Team geführt hat. Betonen Sie die Auswirkungen, die diese Einmischung auf die Arbeitsatmosphäre und die Teamdynamik hat, und zeigen Sie mögliche Wege auf, wie eine ausgewogenere Zusammenarbeit positive Veränderungen bewirken kann.
- *Empathie und Anerkennung zeigen:* Betonen Sie, dass Ihr Ziel nicht darin besteht, die Führungskompetenz der Leitung infrage zu stellen, sondern vielmehr darin, ein harmonischeres Arbeitsumfeld zu schaffen, das das volle Potenzial des Teams ausschöpft. Zeigen Sie Verständnis für die Motivationen und Sorgen der Leitungsperson und betonen Sie die gemeinsame Vision eines kooperativen und unterstützenden Teams.
- *Lösungsorientiertes Vorgehen fördern:* Schlagen Sie konkrete Maßnahmen vor, die zur Förderung einer ausgewogeneren Zusammenarbeit beitragen können. Dies könnte die Förderung offener Diskussionen, die Delegation von Verantwortlichkeiten und die Betonung der individuellen Stärken und Beiträge jedes Teammitglieds umfassen. Stellen Sie sicher, dass die vorgeschlagenen Lösungen auf die langfristige Verbesserung der Teamdynamik und die Stärkung der Arbeitskultur abzielen.
- *Kontinuierliche Kommunikation und Rückmeldung:* Halten Sie den Kommunikationskanal offen und finden Sie Wege, wie das Sicherheits- und

Kontrollbedürfnis der Leitung befriedigt werden kann, ohne dass sie selbst ständig aktiv werden muss.

Indem Sie diese Schritte befolgen, können Sie einen respektvollen und konstruktiven Dialog mit der Leitung anregen und gleichzeitig zu einer veränderten Zusammenarbeit beitragen, die auf Offenheit, Vertrauen und gegenseitigem Respekt basiert.

Sollte sich trotz aller Bemühungen nichts verändern, überlegen Sie sich gut, ob Sie sich verändern sollten und die Einrichtung verlassen.

Wenn die Leitung nicht leitet

In den unterschiedlichsten Fällen kann es immer wieder dazu kommen, dass eine Leitung nicht leitet. Dabei gilt es, zu unterscheiden, ob die Leitung aus persönlichen Gründen (z. B. akute familiäre Belastungen) vorübergehend ihren Aufgaben nicht nachkommt oder diesen generell nicht gewachsen ist. Im ersten Fall sollte die stellvertretende Leitung das Gespräch mit der Leitung suchen und gegebenenfalls mit dem Team gemeinsam überlegen, wie die Leitungskraft zu unterstützen und zu entlasten ist.

Bei einer generellen Führungsschwäche ist dieses »Nichtführen« im Prinzip mit einem laissez-fairen Führungsstil vergleichbar, die Leitungskraft übernimmt im Prinzip keine Verantwortung und überlässt die Teammitglieder mehr oder weniger sich selbst. In der Regel sind diese dann auch bei schwierigen Situationen und Konflikten auf sich gestellt. Hier sollte sich die stellvertretende Leitung zunächst einmal kritisch hinterfragen, inwieweit sie mit diesem Leitungsstil arbeiten kann und will, um davon abzuleiten, wieviel Energie sie in das Gelingen einer konstruktiven Zusammenarbeit mit Leitung und auf Teamebene investieren kann und will.

Grundsätzlich besteht bei einem solchen Leitungsvakuum die Gefahr, dass sich, je nachdem wie stark und kompetent die stellvertretende Leitung ist, diese als »heimliche Leitung« positioniert und so die Steuerung der Abläufe in die Hand nimmt. Dadurch entstehen inoffizielle Kommunikations- und Entscheidungswege außerhalb der regulären Macht- und Hierarchieebenen. Solche informellen Strukturen können sich durchaus förderlich auf die Zusammenarbeit im Team auswirken, wenn alle Beteiligten mit der Umsetzung zufrieden sind. Die Gefahr ist andererseits sehr groß, dass das Vorhandensein einer »heimlichen Leitung« eher zu Unruhe, Spaltung und Konflikten im Team führt. Es ist als stellvertretende Leitung wichtig, solche informellen Kommunikationswege und Hierarchieebenen zu erkennen, sie mit Leitung und Team anzusprechen und konstruktive Lösungen zu erarbeiten.

Entstehen aus dem Laissez-faire-Stil Situationen, die den gesetzlichen und allgemein geltenden pädagogischen Grundsätzen widersprechen bzw. sich kindeswohlgefährdend gestalten, dann ist die stellvertretende Leitung dazu verpflichtet, umgehend den Kontakt zum Träger zu suchen und diesen entsprechend zu informieren. Dieser hat die gesetzliche Verpflichtung, schleunigst tätig zu werden.

Der Neid der anderen Teammitglieder

In diesem Kapitel wollen wir uns mit einem Thema befassen, das in vielen Kita-Teams auftreten kann und oft unbeachtet bleibt: dem Neid der anderen Teammitglieder gegenüber der stellvertretenden Leitung.

Die stellvertretende Leitung in einer Kita trägt eine gewisse Verantwortung und Autorität, die von den Kolleg:innen anerkannt und respektiert werden sollte. Doch leider kann es vorkommen, dass diese Position bei einigen Teammitgliedern Neid hervorruft. Dieser Neid kann vielfältige Gründe haben und das Teamklima und die Zusammenarbeit beeinträchtigen.

Eine mögliche Ursache für den Neid könnte darin liegen, dass die stellvertretende Leitung schneller in ihre Position befördert wurde als andere. Dies kann den Eindruck, ungerecht behandelt oder benachteiligt worden zu sein, sowie Misstrauen hervorrufen. Auch wenn die Beförderung gerechtfertigt war, ist es wichtig, diese Bedenken ernst zu nehmen und offen darüber zu sprechen.

Ein weiterer Aspekt, der Neid auslösen kann, sind die Anerkennung und das Lob, die und das die stellvertretende Leitung für ihre Arbeit erhält. Wenn andere Teammitglieder das Gefühl haben, dass ihre eigenen Beiträge nicht ausreichend gewürdigt werden, kann dies zu Frustration und Neid führen. Hier ist es wichtig, eine Kultur der Anerkennung und Wertschätzung aller Teammitglieder zu fördern, um das Gefühl der Gleichwertigkeit zu stärken.

Die Verteilung der Arbeitslast ist ein weiterer Faktor, der Neid hervorrufen kann. Wenn die stellvertretende Leitung bestimmte Aufgaben oder Verantwortlichkeiten übernimmt, die als begehrenswert gelten, kann dies bei anderen Teammitgliedern zu Missgunst führen, insbesondere wenn die Arbeitsbelastung als unausgewogen empfunden wird. Hier ist es wichtig, klare Rollen und Zuständigkeiten im Team zu definieren und sicherzustellen, dass die Arbeit fair verteilt wird.

Die Beziehung zwischen der stellvertretenden Leitung und den Vorgesetzten kann ebenfalls Neid auslösen, wenn sie als zu eng oder parteiisch wahrgenommen wird. Es ist entscheidend, dass die stellvertretende Leitung eine offene und transparente Kommunikation mit dem Team pflegt, um solche Bedenken auszuräumen und das Vertrauen zu stärken.

Als stellvertretende Leitung ist es wichtig, sensibel für die Gefühle und Bedenken der Teammitglieder zu sein und Empathie zu zeigen. Offene Kommunikation, Anerkennung der Leistungen anderer und die Förderung einer gleichberechtigten und fairen Arbeitsumgebung können dazu beitragen, Neid und Spannungen im Team zu reduzieren. Zusätzlich können regelmäßige Teambuildingmaßnahmen und Workshops dabei helfen, das Team enger zusammenzubringen und das Verständnis füreinander zu stärken. Konflikte sollten frühzeitig erkannt und konstruktiv gelöst werden, um eine positive Teamdynamik zu erhalten.

Insgesamt fungiert die stellvertretende Leitung als Vorbild. Durch eine offene und kooperative Zusammenarbeit findet Neid keinen Platz und das gesamte Team kann gemeinsam daran arbeiten, eine liebevolle und fördernde Umgebung für die Kinder zu schaffen.

Umgang mit Neidgefühlen im Team

Mit dieser Übung lade ich Sie dazu ein, Ihre eigenen Gedanken und Empfindungen bezüglich möglicher Neidgefühle von Teammitgliedern zu reflektieren. Es geht darum, ein Bewusstsein für diese Dynamik zu entwickeln, die Auswirkungen auf das Teamklima und die Zusammenarbeit haben könnte. Im Folgenden finden Sie einige Fragen, die Ihnen dabei helfen sollen, Ihre Gedanken zu strukturieren.

1. *Erkennen möglicher Neidgefühle:*
   - Haben Sie das Gefühl, dass einige Teammitglieder Ihnen gegenüber Neid empfinden könnten? Wenn ja, was sind mögliche Anzeichen dafür?
   - Gibt es bestimmte Situationen oder Ereignisse, die Sie als Indikator für Neid wahrnehmen?
2. *Auswirkungen auf Sie und das Team:*
   - Wie fühlen Sie sich, wenn Sie das Gefühl haben, dass Neid von Teammitgliedern Ihnen gegenüber besteht? Welche Emotionen löst das in Ihnen aus?
   - Wie beeinflusst diese Dynamik Ihre Arbeitsmotivation und Ihre Interaktionen mit dem Team?
   - Gibt es mögliche Auswirkungen auf das Teamklima oder die Zusammenarbeit, die Sie bemerkt haben?

3. *Ursachen für Neid:*
   - Versuchen Sie, mögliche Gründe für die Neidgefühle Ihrer Teammitglieder zu identifizieren. Können Sie sich vorstellen, warum bestimmte Kolleg:innen Neid empfinden könnten?
   - Gab es besondere Ereignisse oder Umstände, die diese Gefühle ausgelöst haben könnten?
4. *Lösungsansätze:*
   - Wie könnten Sie auf mögliche Neidgefühle reagieren, ohne sich persönlich angegriffen zu fühlen?
   - Welche Schritte könnten Sie unternehmen, um das Teamklima zu verbessern und eine positive Zusammenarbeit zu fördern?
   - Gibt es Möglichkeiten, die Anerkennung und Wertschätzung aller Teammitglieder zu fördern, um Neid zu reduzieren?
5. *Kommunikation und Empathie:*
   - Wie könnten Sie eine offene Kommunikation mit dem Team fördern, um eventuelle Bedenken oder Konflikte anzusprechen?
   - Wie könnten Sie Empathie gegenüber Ihren Kolleg:innen zeigen und deren Perspektiven besser verstehen?
6. *Teambuilding und Zusammenhalt:*
   - Welche Maßnahmen könnten Sie ergreifen, um den Teamzusammenhalt zu stärken und ein positives Arbeitsumfeld zu schaffen?
   - Gibt es Möglichkeiten für Teambuilding-Aktivitäten oder Workshops, um das Vertrauen und die Kooperation untereinander zu verbessern?

Reflexion ist ein wichtiger Schritt, um sich selbst und die Situation besser zu verstehen. Nehmen Sie sich Zeit, diese Fragen in Ruhe zu beantworten, und reflektieren Sie ehrlich über Ihre Gedanken und Gefühle. Dies kann Ihnen dabei helfen, geeignete Lösungsansätze zu finden und einen konstruktiven Umgang mit möglichen Neidgefühlen im Team zu entwickeln.

Wenn Sie als stellvertretende Leitung merken, dass es im Team unterschwellige Neidgefühle gibt, suchen Sie den Dialog mit der Leitung und bitten um Unterstützung bei der Bearbeitung und Offenlegung im Team, um gemeinsam zu einer Lösung zu kommen.

Um eine möglichst offene und konstruktive Kommunikationskultur im Team zu entwickeln und damit unterschwelligen Neidgefühlen vorzubeugen, sind folgende Methoden und Strategien empfehlenswert:

1. Regelmäßige *Team-Feedbackrunden,* in denen jedes Teammitglied die Möglichkeit hat, Lob und Anerkennung für die Beiträge und Leistungen der anderen auszusprechen, tragen zur gegenseitigen Wertschätzung bei und helfen, Neidgefühle zu reduzieren.
2. *Stärkenorientierte Workshops,* in denen die Teammitglieder ihre individuellen Stärken und Kompetenzen erkennen und schätzen, stärken das Selbstbewusstsein jeder und jedes Einzelnen und bringen das Team als Ganzes enger zusammen.
3. Das Initiieren einer *Diskussion über gemeinsame Ziele und Visionen* für die Kita kann dazu beitragen, dass Neidgefühle in den Hintergrund treten, da der Fokus auf der Zusammenarbeit und der Erreichung der Ziele liegt.
4. Bei *gemeinsamen Projekten,* in denen die Teammitglieder ihre Fähigkeiten und Talente effektiv einsetzen können, kann jede:r sich als Teil eines erfolgreichen Teams fühlen und der Teamzusammenhalt wird gestärkt.
5. *Aktivitäten außerhalb der Kita,* wie Teamausflüge, sportliche Herausforderungen oder kreative Workshops, fördern das Vertrauen, den Zusammenhalt und das Verständnis füreinander, was möglicherweise vorhandene Neidgefühle abbauen kann.

Es ist wichtig, dass diese Maßnahmen mit Einfühlungsvermögen und Sensibilität geplant und durchgeführt werden. Der Fokus sollte immer darauf liegen, das Team zu stärken und eine positive Atmosphäre zu schaffen, in der sich alle Teammitglieder geschätzt und respektiert fühlen. Je nach Situation kann es durchaus sinnvoll sein, einen Coach oder ein:e Supervisor:in hinzuzuziehen, um in Situationen, in denen Neid und Spannungen im Team auftreten, eine professionelle Unterstützung und Begleitung zu erhalten.

Ein Coach oder ein:e Supervisor:in einzubeziehen, ermöglicht eine unvoreingenommene und externe Perspektive auf die Situation. Dadurch können tieferliegende Ursachen für Neid und Spannungen identifiziert werden, die den Beteiligten möglicherweise nicht bewusst sind. Mithilfe spezifischer Konfliktlösungstechniken können sie helfen, die Situation objektiv zu analysieren und geeignete Lösungsansätze zu entwickeln. Sie können dabei unterstützen, effektive Kommunikationsstrategien auszuarbeiten, die das Verständnis untereinander fördern und Missverständnisse minimieren. Einen Coach oder eine:n Supervisor:in einzubeziehen, kann den Teammitgliedern helfen, sich persönlich weiterzuentwickeln und ihre individuellen Stärken und Schwächen zu erkennen. Dies kann dazu beitragen, das Selbstbewusstsein zu stärken und ein positives Arbeitsklima zu schaffen.

In besonders schwierigen Fällen von Konflikten und Neidgefühlen kann eine Mediation hilfreich sein. Dazu gibt es speziell ausgebildete Mediator:innen und

Konflikttrainer:innen, die als neutrale Vermittler:innen agieren und dazu beitragen, dass alle Beteiligten gehört werden und gemeinsam nach Lösungen suchen.

Wenn die Leitung länger ausfällt

Die Übernahme der kommissarischen Leitung als stellvertretende Leitung stellt eine anspruchsvolle und komplexe Aufgabe dar, die mit einer Reihe von Herausforderungen und Schwierigkeiten verbunden sein kann. Die abrupte Veränderung der Verantwortlichkeiten bringt zwangsläufig eine erhöhte Belastung und ein gesteigertes Maß an Verantwortung mit sich. Die kommissarische Leitung muss sich in kurzer Zeit in die Komplexität der Aufgaben einarbeiten, in die sie vorher eher begleitend oder sporadisch eingebunden war. Nicht selten signalisiert der Träger hohe Erwartungen an eine reibungslose Fortführung des Tagesgeschäftes. Hier sollte die stellvertretende Leitung den Mut haben, sich die notwendige Unterstützung einzufordern, um die Aufgaben bestmöglich abdecken und übernehmen zu können.

Eine weitere Herausforderung können des Weiteren die Erwartungen der Mitarbeitenden sein, die sich ein stabiles und vertrautes Arbeitsumfeld trotz der temporär veränderten Führungssituation wünschen. Wurden im Vorfeld klare Arbeitsstrukturen geschaffen, um sicherzustellen, dass die Zusammenarbeit im Team auch in Abwesenheit der regulären Leitung effektiv funktioniert, wird die stellvertretende Leitung die Leitungsposition sicher und selbstbewusst übernehmen können. Bedauerlicherweise ist dies in vielen Fällen nicht gegeben. Dann kann die stellvertretende Leitung nur nach bestem Wissen und Gewissen handeln und notwendige Entscheidungen treffen, damit die Kita nicht in Chaos oder Schockstarre verfällt. Anzuraten ist die Erstellung eines Notfallplans, in dem geregelt ist, was ab welchem Zeitpunkt in die Entscheidungs- und Handlungskompetenz der kommissarischen Leitung fällt.

Wenn die reguläre Leitung nach einer längeren Abwesenheit zurückkehrt, können weitere Herausforderungen entstehen. Die kommissarische Leitung hat möglicherweise bestimmte Entscheidungen getroffen oder Richtlinien eingeführt, die von der ursprünglichen Vision oder den Prioritäten der regulären Leitung abweichen. In solchen Situationen kann es zu Spannungen und einem Machtgefälle kommen, welche die Arbeitsatmosphäre negativ beeinflussen. Die reibungslose Wiedereingliederung der regulären Leitung erfordert daher ein hohes Maß an Kommunikation und Kooperation zwischen der stellvertretenden Leitung und der Leitung, um sicherzustellen, dass die Werte und Ziele der Organisation möglichst konstant bleiben.

Wenn die stellvertretende Leitung unsicher ist, wann und ob die reguläre Leitung zurückkehren wird, ist es wichtig, klare Kommunikationswege aufrechtzuerhalten und möglichst transparent mit den Mitarbeitenden zu sein. Die stellvertretende Leitung sollte eine offene und ehrliche Atmosphäre schaffen, in der die Mitarbeitenden jederzeit Bedenken und Fragen äußern können. Es ist ratsam, regelmäßige Updates zu geben, wenn möglich, auch wenn es keine genauen Zeitpläne gibt, selbstverständlich immer unter Gewährleitung des Datenschutzes und Persönlichkeitsrechtes der abwesenden Leitung. Durch die Betonung von Kontinuität und Stabilität kann die stellvertretende Leitung das Vertrauen der Mitarbeitenden stärken und deren Motivation aufrechterhalten. Für die Stellvertretung selbst ist es eine große Bewährungsprobe, mit der Unwägbarkeit umzugehen, für wie lange sie die Verantwortung tatsächlich übernimmt. Es braucht viel Fingerspitzengefühl, um einerseits reibungslose Abläufe zu ermöglichen und gleichzeitig nicht zu tiefgreifende Entscheidungen zu treffen.

Wenn feststeht, dass die ehemalige Leitung aus unterschiedlichsten Gründen nicht zurückkehren wird, ist die logische Folgerung nicht immer, dass die stellvertretende Leitung die Leitung tatsächlich übernimmt. Es stellt sich hierbei zum einen die Frage, ob sie das überhaupt will, und zum anderen, ob das von der Trägerseite erwünscht ist. Für die stellvertretende Leitung kann es daher eine nicht unwesentliche und nicht immer leicht zu bewältigende Veränderung bedeuten, wenn eine neue Leitung eintritt und sie wieder in ihre ursprüngliche Position als zweite Führungskraft zurückkehrt. In solchen Situationen ist es wichtig, eine positive Einstellung zu wahren und eine kooperative Haltung gegenüber der neuen Führung zu zeigen. Die stellvertretende Leitung sollte offen für neue Arbeitsweisen und Perspektiven sein, um einen reibungslosen Übergang zu gewährleisten.

Es ist mehr als ratsam, eine offene Kommunikation mit der neuen Leitung zu pflegen und ihre Prioritäten und Erwartungen zu verstehen. Die stellvertretende Leitung kann dabei helfen, eine reibungslose Integration in das bestehende Team zu erleichtern, indem sie ihr Fachwissen und ihre Erfahrungen zur Verfügung stellt und gleichzeitig Raum für die Vision und Strategien der neuen Führungskraft schafft (s. Kapitel 3.3).

Wenn die stellvertretende Leitung feststellt, dass das Zurücktreten in die vorherige Rolle nicht die erhoffte Erleichterung oder Entlastung mit sich bringt und der Wunsch entsteht, die Leitungsposition zu übernehmen, ist es wichtig, die eigene berufliche Entwicklung und die eigenen Ziele zu reflektieren. In solchen Situationen kann es hilfreich sein, einen offenen und ehrlichen Dialog mit der aktuellen Leitung zu suchen, um die eigenen Ambitionen zu besprechen. Vielleicht eröffnen sich über interne Schulungs- und Entwicklungsmöglichkeiten Wege, um eigene Führungsfähigkeiten zu stärken und sich für zukünftige Führungspositionen zu qualifizieren, ohne in Konkurrenz zu der Leitung zu treten.

4 Ein paar Worte zum Schluss

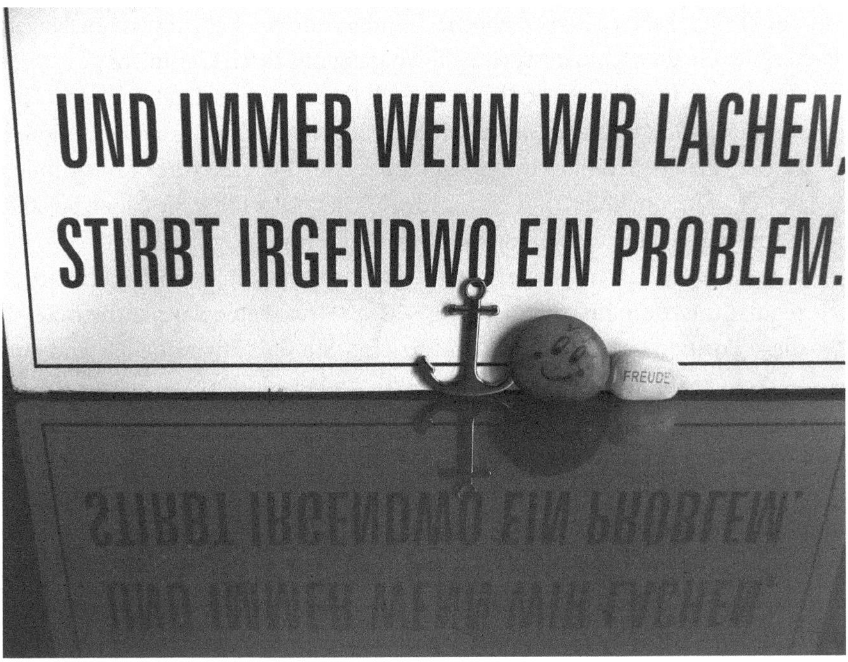

Abbildung 27: Mit Humor geht vieles leichter

In der anspruchsvollen Position der stellvertretenden Leitungen ist es von entscheidender Bedeutung, die eigene Führungskompetenz zu stärken und gleichzeitig auf sich selbst zu achten. Selbstführung und Selbstfürsorge sind keine Luxusaspekte, sondern unverzichtbare Bestandteile einer gesunden, langfristigen beruflichen Laufbahn im Arbeitsfeld Kita. Deswegen möchte ich Sie einladen, ein paar Dinge zu beherzigen.

Als stellvertretende Leitung sollten Sie in der Lage sein, Ihre Gedanken bewusst zu lenken und zu steuern.

Dies beinhaltet:

- *Selbstreflexion:* Reflektieren Sie regelmäßig Ihre eigenen Gedanken, Überzeugungen und Werte. Dies ermöglicht es Ihnen, Ihr Denken zu hinterfragen und gegebenenfalls anzupassen, um effektiver und erfolgreicher in Ihrer Rolle zu agieren.
- *Zielsetzung und Planung:* Setzen Sie klare Ziele für sich selbst. Erstellen Sie einen Plan, um diese Ziele zu erreichen. Ein strukturiertes Denken und Planen ist der Schlüssel zum erfolgreichen (Selbst-)Management in einer Kita.

Erlebte Gefühle und Emotionen, die mit der Rolle der stellvertretenden Leitung verknüpft sind, haben einen erheblichen Einfluss auf Ihre Führungskompetenzen. Daher hier einige wichtige Aspekte im Umgang mit Ihren Gefühlen:

- *Emotionale Intelligenz* – bedienen Sie sich Ihrer emotionalen Intelligenz. Finden Sie heraus, wann Sie sich wie fühlen. Indem Sie Ihre eigenen Emotionen besser verstehen, fällt es Ihnen zunehmend leichter, die Ihrer Kolleg:innen besser wahrzunehmen und einzuordnen. Dies unterstützt Sie dabei, positive Beziehungen aufzubauen und Konflikte zu minimieren.
- *Stressbewältigung* – als stellvertretende Leitung braucht es noch mehr Stressregulationskompetenzen, da ein gewisses Stresspotenzial naturgemäß an diese Position gekoppelt ist. Identifizieren Sie Ihre Stressquellen und entwickeln Sie Strategien, um Stress effektiv zu bewältigen.

Die Handlungen einer stellvertretenden Leitung haben immer unmittelbare Auswirkungen auf die Abläufe, die Einrichtung, das Team und die Leitung. Hier sind einige wichtige Handlungsaspekte:

- *Entscheidungsfindung* – als stellvertretende Leitung gilt es, fundierte und effektive Entscheidungen zu fällen. Analysieren Sie Informationen sorgfältig und berücksichtigen Sie die möglichen Auswirkungen auf Leitung, Team und Kita.
- *Kommunikation* – die Art und Weise der Kommunikation ist entscheidend und wirkt in alle Bereiche der Kita. Pflegen Sie eine klare und effektive Kommunikation, um sicherzustellen, dass Informationen ankommen und Missverständnisse möglichst vermieden werden.

Als stellvertretende Leitung stehen Sie oft zwischen den Stühlen. Alle Seiten möchten etwas von Ihnen und es wird von Ihnen erwartet, dass Sie sich um alles und jeden kümmern. Dabei vergessen Sie sich sehr schnell selbst. Damit sind Sie in bester Gesellschaft, denn die Selbstfürsorge wird in dieser Position oft vernachlässigt. Sie ist aber unerlässlich, um langfristig in dieser Rolle bestehen zu können.

Beachten Sie daher:

- *Work-Life-Balance* – finden Sie eine gesunde Balance zwischen Ihrer beruflichen Verantwortung und Ihrem persönlichen Leben. Sorgen Sie für ausreichend Zeit für Entspannung und Erholung.
- *Selbstpflege* – achten Sie auf Ihre körperliche und geistige Gesundheit. Pflegen Sie eine gesunde Lebensweise und nehmen Sie sich Zeit für Aktivitäten, die Ihnen Freude bereiten.

Und zu guter Letzt wünsche ich Ihnen eine große Portion Humor – denn wie heißt es so schön: *Mit Humor geht vieles leichter.*

Der Humor bietet eine wichtige Ventilfunktion und wirkt befreiend. Und für mich hat er, neben der befreienden Heiterkeit, auch immer etwas von Trost und Mitgefühl. Es tut in schwierigen Situationen einfach gut, gemeinsam mit anderen zu lachen.

»Lachen ist die beste Medizin«, weiß der Volksmund zu berichten. Diese Weisheit ist mittlerweile durch viele Studien untermauert worden. Beim Lachen schütten wir Glückshormone aus, die sich positiv auf unser Immunsystem auswirken. Lachen lockert Körper, Geist und Seele. Es macht frei, eröffnet Kreativität und gibt Kraft.

Ich wünsche Ihnen von ganzen Herzen viel Kraft und viel Freude in Ihrer Rolle als stellvertretender Leitung in guter Kooperation mit Ihrer Leitung und Ihrem Team.

5 Dank

Mein Dank geht zunächst einmal an meine frühere Leitungskollegin Gudrun Sieg, die mir in den 1990er Jahren die Position der stellvertretenden Leitung zugetraut und die mich trotz meiner eingeschränkten Stellung als Abwesenheitsvertretung immer auf Augenhöhe miteinbezogen hat. Danke an meine Gruppenkollegin Margit Beckmann und das damalige Team, die mich unterstützt haben, meine Rolle als stellvertretende Leitung zu finden und mir im Vertretungsfall den Rücken freigehalten haben. Danke auch an Sibylle Focke, die mir drei Jahre lang eine verlässliche Abwesenheitsvertretung und wichtiges Bindeglied zum Team war.

Danke an Fea Finger und Natalie Papke-Hirsch, die mich durch ihren Podcast (Fea's naive Welt) während meines Schreibens inspiriert haben. Ein besonderes Dankeschön gilt euch, liebe Fea Finger und liebe Monique Schütz, dafür, dass ihr das Skript mit der Brille der stellvertretenden Leitung gelesen habt. Eure Begeisterung hat mir bei der Vollendung viel Auftrieb gegeben.

Und ein großes Dankeschön an die vielen stellvertretenden Leitungen, die ich bereits durch vielfältigste Höhen und Tiefen ihres Seins begleiten durfte.

Ein weiteres Mal möchte ich auch meinem Mann von ganzen Herzen danken. Er hat mich auch dieses Mal durch meine persönlichen Glücksmomente und Schreibkrisen begleitet, getragen und auch ertragen. Bücher zu schreiben ist immer mit viel Zeit, Energie und Herzblut verbunden. Gerade mein engeres Umfeld bekommt das hautnah zu spüren. Und da ist es mehr als verständlich, dass auf ein »Möchtest du nicht mal ein Buch schreiben?« nun bei Nummer 10 innerhalb von 12 Jahren die Frage kommt: »Was, noch ein Buch? Ist das dein Ernst?« Es ist und bleibt mein Ernst. Vermutlich ist es auch noch lange nicht das Letzte.

6 Literatur

Bergdoldt, R. (2016): Erfolgreich führen in der Sandwichposition. Der ungewöhnliche Kompass für das mittlere Management. Freiburg/München/Stuttgart: Haufe Gruppe.

Cohn, R. C. (1991): Von der Psychoanalyse zur themenzentrierten Interaktion: Von der Behandlung einzelner zu einer Pädagogik für alle. Stuttgart: Klett-Cotta.

Franzke, A./Unterlinner, A. (2007): Skript zum Vortrag »Werte, Normen und Rollen«. Universität Augsburg. https://www.yumpu.com/de/document/read/25298572/werte-normen-und-rollen-universitat-augsburg/5 (Zugriff am: 14.08.2023).

Füchtenschneider, C. (2023): Es darf auch mal anders laufen. Situative Wendigkeit im Tagesablauf. Kindergarten heute, 1072023, 17.

Günster-Schöning, U. (2015): Teamsitzungen vorbereiten und moderieren (kindergarten heute management kompakt). Freiburg: Herder.

Haller, R. (2005): do it yourself – Toolbox-Karten für Management und Mitarbeiterführung. Berlin: Human Ressources rh:hr.

Hohmann, K./Sasse, H. (2023): Das Konflikthaus. Eigenvertrieb im Rahmen der Fachtagung »Konflikte lösen« 2023 in Hannover.

Kauffeld, S. (2014): Phasenmodel der Teamentwicklung nach Tuckham (1965). https://lehrbuch-psychologie.springer.com/sites/default/files/atoms/files/web-exkurs.008.05.pdf (Zugriff am: 09.05.2024).

Lieb, L. (2018): Welche Rolle spielen Rollen? Kindergarten heute, 11 u. 12/2018, 28–32.

Mai, J. (2021): Riemann-Thomann-Modell: Teampersönlichkeit ermitteln. https://karrierebibel.de/riemann-thomann-modell/ (Zugriff am: 06.09.2023).

Mai, J. (2023): Dramadreieck: Sind Sie Täter, Opfer oder Retter? https://karrierebibel.de/drama-dreieck/ (Zugriff am 09.05.2024).

Mannhard, A. (2021): Stellvertretende Leitung – Wie sie ihre Rolle findet und souverän ausfüllt. kindergarten heute – Das Leitungsheft, 1/2021, 22–24.

Przybilla, A./Rossmeissl, D. (2023): Motivierende Teamarbeit – Erfolgreich Zusammenarbeiten in der Kita. Freiburg: Herder Verlag.

Sauer, C. (2017): Der Stellvertreter – Erfolgreich führen aus der zweiten Reihe. München: Carl Hanser Verlag.

Schmidt, T. (2011): Konfliktmanagement-Trainings erfolgreich leiten. Der Seminarfahrplan (3. überarb. Aufl.). Bonn: Verlag Managerseminare.

Stangl, W. (o. J.): Themenzentrierte Interaktion (TZI). Werner Stangls Arbeitsblätter. https://arbeitsblaetter.stangl-taller.at/KOMMUNIKATION/TZIRegeln.shtml (Zugriff am: 12.10.2023).

Taglieber, B./Reabricht, S. (2023a): Transaktionsanalyse leicht erklärt. https://transaktionsanalyse-online.de/transaktionsanalyse-einfach-erklaert/ (Zugriff am 06.09.2023).

Taglieber, B./Reabricht, S. (2023b): Ich Zustände. Transaktionsanalyse. Lerne dich und andere besser verstehen. https://transaktionsanalyse-online.de/ich-zustaende/ (Zugriff am 06.09.2023).

Taglieber, B./Reabricht, S. (2023c): Transaktionen – besser kommunizieren leicht gemacht. https://transaktionsanalyse-online.de/transaktionen/ (Zugriff am 06.09.2023).

Taglieber, B./Reabricht, S. (2023d): Autonomie. Transaktionsanalyse: Das Entwicklungsdreieck. https://transaktionsanalyse-online.de/autonomie/ (Zugriff am 06.09.2023).

Taglieber, B./Reabricht, S. (2023e): Lebensskript Transaktionsanalyse – Skriptanalyse. https://transaktionsanalyse-online.de/lebensskript-transaktionsanalyse/ (Zugriff am 06.09.2023).

Taglieber, B./Reabricht, S. (2023f): Psychologische Spiele –Wie Du sie mit Hilfe der Transaktionsanalyse erkennst. https://transaktionsanalyse-online.de/psychologische-spiele/ (Zugriff am 17.09.2023).

Taglieber, B./Reabricht, S. (2023g): Deine Eigene Gefühlslandkarte: Gefühle und Maschengefühle – Nutze deine Emotionen zur Problemlösung. https://transaktionsanalyse-online.de/maschen-und-gefuehle/ (Zugriff am 17.09.2023).

Taglieber, B./Reabricht, S., (2023h): Passivität: Darum bleiben Probleme ungelöst. Das Passivitätskonzept. https://transaktionsanalyse-online.de/passivitaet/#tab-con-5 (Zugriff am 18.09.2023).

Taglieber, B./Reabricht, S. (2023i): Innere Antreiber Transaktionsanalyse – Wie sie dich stressen und was du dagegen tun kannst. https://transaktionsanalyse-online.de/innere-antreiber/ (Zugriff am 18.09.2023).

The key-Academy (2022): Die Führungsstile eines agilen Leaders. https://www.thekey.academy/die-fuehrungsstile-eines-agilen-leaders/ (Zugriff am 27.07.2023).

Thurmann, B./Weiher, K. (2012): Stellvertretende Leitung – Warum sich eine Rollenklärung lohnt. kindergarten heute – Das Leitungsheft, 3/2012, 4–9.

Von Langen, T. (2023): Recht und Management für Sozialpädagogische Fachkräfte. Freiburg: Herder Verlag.

Wedewardt, L./Cantzler, A. (2022a): Sich seiner selbst bewusst sein. Freiburg: Herder Verlag.

Wedewardt, L./Cantzler, A. (2022b): Sich seiner selbst bewusst sein. Workbook. Freiburg: Herder Verlag.

Das Downloadmaterial finden Sie auf der Produktseite des Verlagswebshops.
Code: v59swbZw